JN409804

글로벌 리더가 되고 싶다면

나를 Change(體·人·智)해라!

김현기 · KAAY 창의교육개발팀 공편

지 문 당

들어가는 말

지난 40여 년간 전후방 각급부대의 지휘관 및 참모로 근무하면서 얻은 많은 깨달음 중 하나는 "모든 과업의 출발점은 사람이고, 한 사람을 제대로 기르는 일이 모든 조직의 흥망성쇠를 결정한다"는 사실이다. 세계적인 CEO나 정치인들도 경영관의 키워드로 '인재'를 꼽는 것을 보면 군, 기업, 국가기관의 수장들이 경영의 출발점은 달라도 결국 "제대로 된 인재를 기르는 것이 중요하다"는 동일한 귀착점에서 만나는 것 같다.

이런 저자의 신념에 근거하여 육군3사관학교장으로 부임하면서 가장 역점을 둔 사항은 바로 인성교육이다. 인성은 가시화하기 어려운 개념이기 때문에 개인의 노력으로 사관생도 인성교육 체계를 구축하는 데 많은 어려움이 있었다. 이에 교육, 경제, 정치, 경영 등 각계 전문가로 구성된 연구팀을 통해 체계적인 연구를 수행하게 되었다.

연구를 진행하는 동안 기존의 연구결과를 정리하면서 재미있는 사실을 알게 되었다. 그것은 인성교육을 위해서는 무엇인가 특별한 것을 개발할 것이 아니라 우리가 이미 알고 있는 지(智)·덕(德)·체(體) 교육을 제대로 시키는 것이 중요하다는 사실이었다. 이로 인해 창의교육개발팀을 다시 목표(=智), 인성(=德), 그리고 체력(=體)분과로 세분화하였다. 이후 목표분과는 필자가 오랜 시간 동안 적용해 온 『목표지향적 자기계발 프로그램』에 대하여, 인성분과는 인성을 가시화할 수 있는 가치관에 대하여, 그리고 체

력분과는 체력의 중요성에 대하여 집중적으로 연구를 수행하였다.

각 분과에 대한 연구가 어느 정도 진행된 이후에 우리는 또 다른 문제에 봉착하게 되었다. 그것은 바로 "사람다운 사람을 만들기 위해 지(智), 덕(德), 체(體) 중에 어떤 것을 먼저 교육시켜야 하느냐?"였다. 여러 차례의 토의와 의견수렴 끝에 우리는 '사람의 성장과정'과 동일하게 교육을 시키는 것이 가장 자연스럽다는 결론에 도달하였다. 왜냐하면 사람은 태어나서 우선 부모의 보살핌으로 건강해지고(體), 어느 정도 성장하면 부모와 선생님으로부터 올바른 성품에 대해 직간접적인 교육을 받고(人), 어느 정도 인지능력이 형성되면 학교 교육을 통해 사회생활에 필요한 지식과 기술을 습득하는 성장과정을 거치기 때문이다(智). 그 결과 창의교육개발팀이 제시한 전인교육 방법은 본서의 제목인 체·인·지(體·人·智)가 된 것이다.

2010년 체·인·지(體·人·智) 교육 시스템이 구축되었고, 그 실효성을 판단하기 위해 실제 교육단계에 들어갔다. 우리는 인간형성의 가장 중요한 성장단계에 있는 청소년들을 대상으로 체·인·지(體·人·智) 교육을 시작하였다. 이것이 바로 육군3사관학교에서 실시하고 있는 사관캠프이다. 사관캠프는 기존의 극기캠프와는 달리 체력과 인성함양을 바탕으로 삶의 방향을 설정하고, 인생의 구체적인 목표를 설정하는 전인교육 프로그램으로 구성하였다. 이는 생도를 양성하는 사관학교의 노하우를 바탕으로 사회에 공헌한다는 점에서 군의 사회적 책임을 감당하는 육군3사

관학교 전체의 노력이기도 하다.

사관캠프 결과 우리는 놀라운 성과를 거둘 수 있었다. 청소년들은 유격과 서바이벌 각개전투와 같은 흥미를 유발할 수 있는 체력단련을 통해 인내심을 기를 수 있었고, 애국행사와 단체생활을 통해 국가관과 단결력을 확립할 수 있었으며, 목표지향적 자기계발을 통해 자신의 인생목표를 명확히 설정할 수 있었다. 그 결과 학교 주변의 여러 대학들에서 사관캠프 입소를 희망하고 있으며, 전국 각지에서 체 · 인 · 지(體 · 人 · 智) 교육에 대한 특강요청이 쇄도하였다.

이 책의 내용은 사관캠프의 핵심적인 내용과 체 · 인 · 지(體 · 人 · 智) 교육에 대한 대외강연 자료를 정리한 것이다. 또한 이 책은 인성과 리더십에 대한 충분한 이론적 내용과 사관캠프를 통해 도출한 소중한 성과분석 자료를 포함하고 있기 때문에 우리 사회가 필요한 전인교육의 방향을 제시할 수 있을 것이라 판단된다. 앞으로 육군3사관학교는 군의 사회적 책임을 다하기 위해 사관캠프를 지속적으로 운영하고, 체 · 인 · 지(體 · 人 · 智) 교육을 계속 연구, 발전시켜 글로벌 리더 육성에 일조하고자 한다. 마지막으로 체 · 인 · 지(體 · 人 · 智) 교육과 사관캠프 연구에 최선을 다해준 창의교육개발팀에게 감사의 말을 전한다.

2011. 5. 6

충성대 천수봉에서

육군3사관학교장 소장 김현기 씀

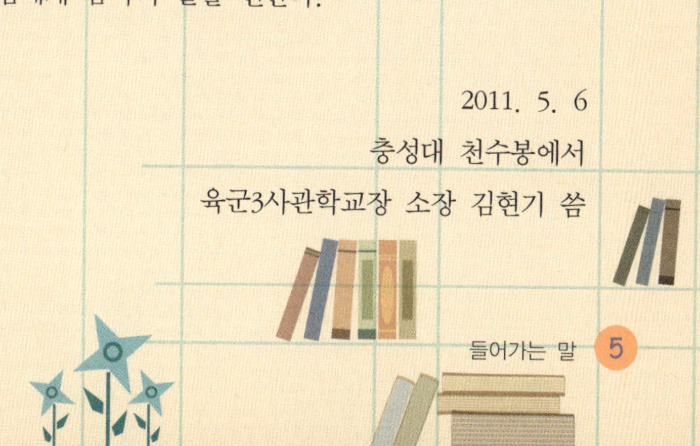

일러두기

1. 이 책의 사진은 대부분 위키피디아(Wikipedia) 영어 및 한국어 판에서 원용했음.
   ※ 위키피디아에서 원용한 사진의 출처는 생략하고, 그 이외의 것은 사진 하단에 출처를 명기했음.

2. 『사관캠프』에 대한 권리는 육군3사관학교에 있음.
   ※ 사관캠프는 군의 사회적 책임을 구현하기 위해 2010년부터 육군3사관학교에서 실시하고 있음.

3. 『목표지향적 자기계발 프로그램』에 대한 권리는 저자(김현기)에게 있음.

4. 이 책의 제목인 'Change(體人智)'에 대한 권리는 KAAY 창의교육개발팀에 있음.
   ※ KAAY: Korea Army Academy At Yongchen(육군3사관학교)

5. 이 책 내의 각종 진단표 및 Work-book의 권리는 KAAY 창의교육개발팀에 있음.

차례

CHAPTER 01

전인교육의 중요성

교육이라는 것은 사람다운 사람을 만드는 것이다. 여기서의 '사람다운 사람'이란 어떤 사람일까? 아마도 공동체 속에서 다른 사람과 더불어 덕스럽게 행동하는 사람을 의미할 것이며, 이는 동서양의 고전에서 잘 표현되어 있다.

우선 동양의 고전인 『大學』을 살펴보면 "大學之道 在明明德 在親民 在止於至善"(대학지도 재명명덕 재친민 재지어지선)이라는 문구가 있다. 이는 "큰 가르침의 기본은 개인의 밝은 덕을 실천하여 백성들과 친하게 지내 좋은 세상을 만든다"라는 의미이다. 또한 서양의 고전인 『국가(Republic)』, 『메논(Menon)』, 『법률(Nomoi)』 등에는 교육의 본질에 대한 플라톤의 사상이 잘 나타나 있다. 『국가』에서는 교육의 목적을 선한 시민의 양성에 두었다. 다시 말해 이상국가는 교육받은 통치자와 시민 없이는 불가능하고, 엄격한 법률에 의해 통치되는 것이 아니라 교육받은 사람들이 가진 이성에 의해 운영되는 것으로서 이중 교육을 국가공동체가 수행해야 할 가장 중요한 활동으로 간주하였다.[1] 왜냐하면 국가공동체의 발전은 교육받은 시민이 각자의 실력을 최대한 발휘함과 동시에 타인과의 조화로운 협력을 이루어야만 성취되는 것이기 때문이다. 즉 동서양의 교육핵심은 개인수련[2]을 통해 타인이나 조직과 상호

[1] 신득렬(2001). 『교육사상사』. 서울: 학지사.

[2] '개인수련'의 현대적 의미는 공부(工夫)라고 할 수 있다. 공부란 무엇인가? 이 또한 동서양의 고전을 살펴보면 쉽게 그 해답을 찾을 수 있다. 공자는 『小學』에서 사람이 꼭 배워야 할 것을 육예(六藝)라 하여 "禮(예절), 樂(음악), 射(활쏘기), 御(말타기), 書(서예, 사군자), 數(산술, 천문, 지리)"라고 표현했고, 이것들을 고루 배워야만 군자(君子)가 될 수 있다고 강조했다. 서양의 대표적인 철학자 아리스토텔레스가 집필한 『정치학(Politics)』에서는 사람이 배워야 할 것은 "말하기(수사학), 쓰기, 음악 / 제도법(미술), 체육"이고, 이것들을 조화롭게 배워야지만 시민으로서 자기 역할을 제대로 할 수 있다고 강조했다. 이처럼 동서양의 고전에서는 지적인 것뿐만

작용하여 밝은 사회를 만드는 것이라 할 수 있다.

여기서 말하는 개인수련은 현대의 공부를 말하는 것으로 지(智)를 습득하는 과정이라 할 수 있다. 또한 '상호작용'은 어떤 사람 또는 사물이 다른 사람 또는 사물과 조화를 이루고 교감을 이루는 것으로 정의할 수 있는데, 동양에서는 조화를 이루기 위해 예(禮)를 강조함으로써 상대를 존중하는 마음가짐을 가르쳤고, 서양에서는 상대의 입장을 고려하면서 설득하는 수사학을 통해 상대를 배려하는 마음자세를 가르쳤다. 또한 사람과 사람, 사람과 생물 간의 사고와 행동의 일치를 의미하는 교감을 실습하기 위해 체육을 강조했는데, 특히 동물을 이용한 승마나 매사냥 같은 운동을 강조했다. 왜냐하면 사람과 말이 친숙해지지 않으면 승마를 할 수 없고, 사람과 매가 한마음을 이루지 못하면 매사냥을 할 수 없기 때문이다. 즉 동서양에서는 공히 체육활동을 통해 타인이나 공동체와 교감하는 방법을 교육했던 것이다.

이처럼 동서양에서는 심신을 모두 단련할 수 있는 개인수련 과목을 교육함으로써 타인과 상호작용하는 방법을 가르쳤다. 이처럼 리더십은 자신의 자질을 배양하여 다른 사람과 상호작용할 때 발휘되는 것이다. 다시 말해 리더를 양성하기 위해서는 지식뿐만 아니라 인성과 체력을 동시에 갖추어야 한다. 즉 지(智)·덕(德)·체(體)를 두루 겸비해야만 진정한 사람, 리더가 된다는 의미이다.

하지만 우리의 현실은 어떠한가? 위에서 강조한 것처럼 우리는

아니라 인성과 체육을 동시에 강조하고 있고, 그런 사람을 리더라 칭하고 있다. 따라서 공부는 심신(心身)과 관련된 모든 행위라고 정의할 수 있다.

지금 지(智)·덕(德)·체(體)가 두루 겸비된 사람다운 사람을 양성하고 있는가? 필자는 이 질문에 과감히 "아니오!"라고 대답하고 싶다. 왜냐하면 우리는 언제부터인가 성공을 위한 지식교육에만 집중했고, 인성과 체력을 등한시했기 때문이다. 이는 하루 종일 학원을 전전하는 우리 아이들의 모습과 운동장이 비좁은 서울 시내의 학교에서 잘 나타나고 있다. 이로 인해 비윤리적 행동, 비만 등 많은 부작용이 발생하고 있는 것도 사실이다.

현대는 첨단 정보기술력을 보유한 국가가 세계를 지배한다. 이로 인해 우수한 인재가 국가경쟁력의 핵심요소로 떠오르고 있고, 우리나라와 같은 기술 집약형의 산업구조를 가진 나라들은 교육에 많은 투자를 하고 있다. 하지만 위에서 지적한 것처럼 우리 교육이 인성과 체력을 배제한 지식 위주로 흘러간다면 우수한 인재 양성은커녕 우리의 미래도 장담할 수 없을 것이다.

본서는 이런 문제의식을 가지고 올바른 교육문화를 정착시키고자 작성되었다. 그리고 우리 교육의 문제점을 해결할 수 있는 유일한 방법은 위에서 강조한 지(智)·덕(德)·체(體)가 두루 겸비된 전인교육이라고 감히 말하고 싶다. 왜냐하면 이는 이미 동서양의 고전에서 고증되었고, 우리와 같이 작은 나라인 싱가포르, 스위스, 이스라엘이 바로 전인교육을 통해 강소국(强小國)으로 거듭났기 때문이다.

본서에서는 교육은 '工'자 철학에 바탕을 두어야 함을 강조하고 있다.[3] 이는 다음 그림과 같이 평평하게 다져진 교육환경 위에 체

[3] '工'자 철학은 한동대학교의 '工'형 교육모델에서 모티프를 얻었다. 자세한 내용은 http://www.han.ac.kr/index.html를 참조.

력과 인성이라는 주춧돌을 바르게 놓고, 지식이라는 기둥을 높게 세워서 그 지식을 흔들림 없이 세상과 공유(sharing)해야 한다는 의미이다. 이는 인간의 성장과정을 생각해본다면 당연한 이치이다. 한 아이가 태어나면 부모는 우선 그 아이가 신체적으로 건강하게 자랄 수 있도록 보살피는 데 집중한다(體). 아이가 자라나가면서는 옳고 그름을 가르치기 위해 때로는 칭찬과 격려로, 때로는 엄한 채찍을 들어서 올바른 성품을 갖추도록 훈육한다(人). 그리고 학교 교육을 통해 사회생활에 필요한 지식과 기술을 습득하게 되어 온전한 인격체요, 공동체의 일원으로 성장하게 된다(智). 교육에는 시기별로 우선순위가 있다는 의미이다.

지(智)·덕(德)·체(體) ⇨ 체(體)·인(人)·지(智)

이런 맥락에서 본서의 구성도 인간의 성장과정을 적용하여 2장은 체력(體), 3장은 인성(人=德), 4장은 목표(智)로 편성했고, 제목도 『글로벌 리더가 되고 싶다면 나를 Change(體 · 人 · 智)해라!』로 선정하였다. 그리고 5장은 앞의 세 가지가 겸비되어야지만 글로벌 리더로 성장할 수 있다는 의미에서 "글로벌 리더를 향하여"로 선정했고, 체(體) · 인(人) · 지(智)를 균형 있게 교육시키는 국내외의 사례를 집중적으로 조명하였다.

마지막으로 본서가 지향하는 바는 다음 그림과 같을 것이다. 이는 글로벌 리더를 양성하기 위해서는 자신, 가정, 학교, 그리고 국가가 협력해야 한다는 의미이다. 한마디로 지금의 교육현실을 개선하기 위한 유일한 대안은 전인교육(體 · 人 · 智)이며, 이를 위해서는 학생, 학부모, 교육자, 그리고 국가가 총체적으로 노력해야 한다는 의미이다. 끝으로 다음 그림을 통해 우리 교육이 나가야 할 방향을 제시하고자 한다.

體·人·智나무

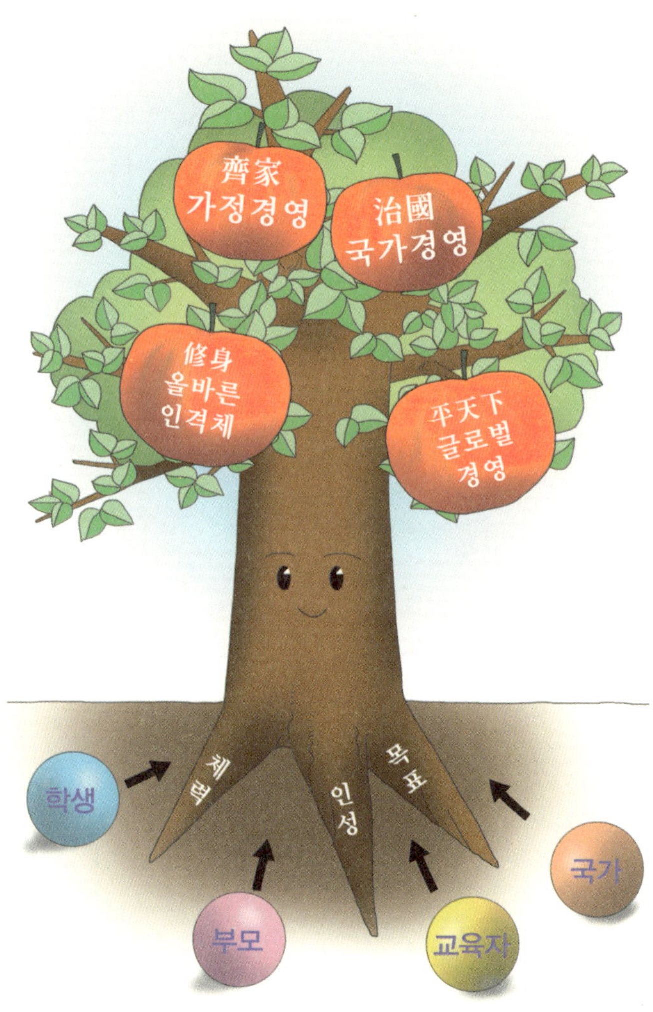

CHAPTER 02

체력
Physical Fitness

• 문종(文宗, 1414~1452)

현 릉

향(珦)은 우리나라 역사에서 가장 훌륭한 왕들 중 한 명으로 꼽히는 세종대왕의 맏아들로 태어났다. 평소 학문을 좋아하고 인품이 관후하였던 그는 1421년(세종 3년) 세자로 책봉되었다. 그는 20년간 세자로 있으며 문무관리를 고르게 등용하도록 하고, 언로(言路)를 자유롭게 열어 민정파악에 힘쓰는 등 세종을 보필한 공이 컸다. 그리고 그는 세자 시절부터 진법(陳法)을 편찬하는 등 군정에 관심이 많았고, 군제 개혁안을 스스로 마련하기도 하였다. 게다가 세자로 있던 시기에 조선 초기 로켓포인 신기전 개발에 관여하기도 하였다. 그는 아버지 세종대왕의 뒤를 이어 문과 무에 걸쳐 국가발전을 이끌 왕의 면모를 보였던 것이다.

1450년 세종대왕이 세상을 떠난 후 세자 향이 왕으로 등극하였다. 그가 바로 조선의 제5대 왕 문종이었다. 그러나 뛰어난 자질을 보였던 그에게 체력적인 문제가 있었다. 그는 병약하여 재위 2년 4개월 만인 39세의 나이로 병사하고 말았다. 이후 세종의 손자이자 문종의 아들인 단종이 조선의 역대 왕들 중 가장 어린 나이인 12세에 왕위에 올랐다. 그러나 조선의 제6대 왕인 그는 스스로를 지킬 힘이 없었다. 문종이 세상을 떠나기 전 신하들에게 단종을 잘 보필해줄 것을 당부했지만, 이것마저도 소용없었다. 단종이 어리다는 것을 빙자하여 신하들 사이에 세력 다툼이 일어났고, 이러한 상황 속에 숙부인 수양대군이 혼란을 수습하기 위해 전면에 등장하였다. 이 과정에서 수양대군은 단종을 밀어내고 본인이 조선의 제7대 왕 세조가 된 것이다. 그리고 단종은 유배 후 시해되었다.

이러한 비극적 사건은 모든 면에서 유능했으나 체력이 뒷받침되지 못했던 문종으로부터 시작되었다. 아무리 지혜가 있고 인품이 뛰어나더라도 체력이 기본 바탕이 되지 못한다면, 모래 위에 지어놓은 성과 같이 이루어 놓은 모든 것들이 금방 무너지고 만다는 것을 여실히 보여주고 있다.

• 이튼 칼리지(Eton College, 1440~)

이튼 칼리지의 월게임

1440년 헨리 6세에 의해 설립되어 지금의 영국을 이끌고 있는 명문 퍼블릭 스쿨(Public School)[1] 이튼 칼리지는 우리의 교육과 전혀 다른 방향으로 인재를 양성하고 있다. "남의 약점을 이용하지 마라, 비굴하지 않은 사람이 되어라, 약자를 깔보지 마라, 항상 상대방을 배려하라, 잘난 체하지 마라, 공적인 일에는 용기 있게 대처하라"는 인성을 강조하는 교훈을 갖고 2010년까지 무려 19명의 영국총리를 배출했다. 그리고 그곳 졸업생 중 3분의 1이 옥스퍼드와 케임브리지 등 명문대와 사관학교에 진학하고 있다. 대단한 결과이다.

이튼 칼리지의 졸업생들이 영국을 이끌어가는 리더로서 성정할 수 있었던 근간이 무엇인지 궁금할 수밖에 없다. 그들은 학생들을 교육함에 있어 우리나라처럼 명문대학 진학과 사회적 성공이라는 단순한 목표를 위해 무조건적인 주입식 교육을 실시한 것이 아니다. 이튼 칼리지는 평일은 물론이고 공휴일까지도 학생들에게 지속적으로 체육활동을 시킴으로써 체력의 증진을 도모하고 있다. 체력이 바탕이 된 상태에서 지식의 습득이 이루어져야 함을 보여준 것이다. 이튼 칼리지 학생들은 추운 겨울날 반바지만 입은 채 차가운 진흙탕에서 씨름을 한다. 이 전통은 19세기 말 스포츠 교육을 정과교육에 편입시킨 후부터 지금까지 계승되고 있다. 당시에는 하루에 한 번, 그리고 공휴일에는 두 번 축구 경기를 하지 않은 학생은 벌금을 물어야 하고 매를 맞을 정도였다.

이것이 바로 영국의 사회지도층과 부유층들이 비싼 학비에도 불구하고 이곳에 자녀들을 입학시키는 이유이다. 영국 찰스 황태자 역시 자녀인 윌리엄과 해리 왕자를 이곳 이튼 칼리지에서 수학시켰다. 왜냐하면 영국인들은 강인한 체력을 바탕으로 공부를 한 이곳의 졸업생들이 사회의 리더로서 성장한다는 확신을 가지고 있기 때문이다.

[1] 영국에서의 퍼블릭 스쿨은 주로 상류층 자제를 위한 사립 중등학교를 뜻한다. 엄격한 신사 교육을 실시하며, 졸업생들은 대다수가 옥스퍼드나 케임브리지에 진학한다.

1 체력이란 무엇인가?

1) 사전적 정의

표준국어대사전은 체력(體力)을 '육체적 활동을 할 수 있는 몸의 힘, 또는 질병이나 추위 따위에 대한 몸의 저항 능력'으로 정의하고 있다.[2] 그리고 위키피디아 백과사전은 체력에 대하여 "인간의 삶을 윤택하고 효과적으로 이끌어 가는 것이다"라고 설명하고 있다.[3] 구체적인 내용을 살펴보면, 체력은 형태적인 체격이 아닌 기능적인 것이라 하겠다. 이러한 체력이 강화되면, 신체 활동의 감소와 정신적 스트레스, 심신의 피로 축적 등을 해결하는 데 매우 유용하다. 그러나 반대로 이것이 약화된다면 지적 · 정신적 생활과 성생활, 사회생활 등이 모두 위축될 수 있고, 심지어 생명을 잃을 수도 있다.

2) 정부 간행물

문화체육관광부가 발간한 『청소년 백서』는 체력을 '일반적으로 활기찬 일상생활을 영위할 수 있는 튼튼한 몸과 스트레스를 이길 수 있는 건강한 정신, 원만한 사회생활을 할 수 있는 능력으로서, 인간에게 삶의 질을 높여 줄 뿐만 아니라 한 국가가 가지는 국력의 강약을 결정짓는 기본요소'라고 말하고 있다.[4] 즉, 청소년의 체

[2] 국립국어원의 표준국어대사전. (http://stdweb2.korean.go.kr)
[3] (http://en.wikipedia.org/wiki/physical_fstness)

력증진은 개인의 행복을 위해 필요한 것이며, 더 나아가 국가의 발전과도 밀접한 연관성이 있다고 하겠다.

3) 국외에서의 정의

영어권에서 체력을 정의하는 내용을 찾아보면, 각각의 단어마다 약간씩의 차이를 보이고 있다. Physical strength는 '근육을 사용하여 물리적인 물체에 힘을 가하기 위한 인간 또는 동물의 능력'이라고 표현하고 있다.[5] 그리고 체력이라고 번역되는 다른 말인 Physical fitness는 체력이 다음의 두 가지 개념을 포함하고 있다고 보고 있다. 그 개념은 '건강 및 웰빙(well-being)'을 나타내는 의미와 '운동이나 작업, 군복무 등의 세부적 측면의 활동을 할 수 있는 것을 기반으로 하고 있는 과업지향적 정의'이다.[6] 즉 사람의 건강과 어떤 일을 할 수 있는 운동능력을 의미하는 것이다. 여기서 주목할 것은 단순한 운동능력을 넘어선 건강이라는 단어이다.

앞서의 언급들은 체력이 신체적인 것을 넘어 정신적인 것을 포함한다고 설명하고 있다. 체력이 단순히 신체적인 것을 넘어 정신적 요소를 포함하고 있음은 의욕이나 의지가 운동능력에 영향을 미치고 있는 것을 통해 알 수 있다. 예를 들어 근력 측정 시 의욕이 없다면 자신이 낼 수 있는 최대근력을 발휘할 수 없다. 근지구력 측정에서는 의지가 지속적으로 충분하지 않게 되면 확실

4 문화체육관광부, 『청소년 백서』, 2004. 12, p. 38. (www.mcst.go.kr)
5 (http://en.wikipedia.org/wiki/Physical_strength)
6 (http://en.wikipedia.org/wiki/Physical_fitness)

한 결과가 나올 수 없다.

건강을 강조하며 너 나 할 것 없이 현대인들이 많이 사용하고 있는 웰빙이라는 단어도 신체적 · 정신적 건강의 조화를 통해 행복하고 아름다운 삶을 추구하는 것을 말하고 있다. 그러나 고도로 발전된 산업사회는 구조적 측면에서 인간에게 물질적 부를 추구하도록 하는 시스템으로 되어 있다. 이 구조 속에서 현대인들은 자신들이 가진 대부분의 시간을 부의 축적을 위해 사용해왔다. 산업 고도화가 사람들에게 물질의 풍요로움을 가져다준 긍정적 측면도 있지만, 반대로 정신적 여유와 안정을 빼앗아간 부정적 측면도 적지 않았던 것이다. 따라서 물질적 부의 추구로 정신 건강은 등한시되었고, 심한 경우 이는 정신적 공황의 형태로 발전되었다. 바로 이러한 위험한 상황을 탈피하고자 현대인들은 웰빙을 택하고 있는 것이다. 건강을 뜻하는 웰빙이라는 단어도 신체적인 건강만을 의미하는 것이 아니라 정신적 건강도 의미하고 있으며, 신체적 건강과 정신적 건강이 조화될 때 완전한 건강을 이룰 수 있다는 것이다. 요즘 요가와 기수련이 유행하고 있는 이유가 이 때문이다.

이처럼 체력은 신체적인 건강과 정신적인 건강 모두를 포함하는 것을 말한다. 그리고 체력을 증진시킨다는 것은 신체와 정신 모두의 건강을 고루 증진시키는 것을 뜻하게 됨을 이해할 수 있다.

2 체력의 중요성

> "건전한 신체에 건전한 정신이 깃든다(A sound mind in a sound body)"
> —유베날리스(Decimus Junius Juvenalis, 고대 로마의 시인)

유베날리스는 건전한 신체라는 말로 체력의 중요성을 강조하였다. 그럼 왜 체력이 중요한 것인가? 그것은 건전한 정신이라는 말에 해답이 있다. 유베날리스의 건전한 정신이란 바로 긍정적인 생각을 의미한다고 볼 수 있다. 즉 체력이 좋고 건강한 사람이 긍정적인 사고를 할 수 있다는 말로 바꾸어 말할 수 있는 것이다.

만약 어떤 사람이 체력이 떨어져 몸이 아프다고 가정해보자. 몸이 정상적이지 않은 사람의 시각은 항상 부정적이다. 모든 일에 의욕이 없고, 삶에 활력이 없다. 그는 자신의 미래에 대한 비전을 제시할 수 없을 뿐 아니라 당장 내일에 대한 희망조차 가지고 있지 않다. 다시 말해, 건강이 긍정적인 생각을 낳고, 긍정적인 생각이 미소로써 나타나 다른 사람에 대한 친절로 표현되는 것이다. 그리고 이러한 친절이 다시 창의적인 생각으로 변화되고, 그것이 최종적으로 목표의식으로 완성되는 것이다.

유학생들의 입학률 대비 졸업률

우리나라 청소년들의 학업성취도는 우수하다. 2010년 12월 교육과학기술부는 만 15세 학생을 대상으로 한 2009년 OECD 국가 간의 학업성취도 국제 비교 연구 결과 34개 회원국 중 읽기와 수학에서 1~2위, 과학에서 2~4위를 차지했다고 발표했다.[7] 엄청난 결과이다. 우리보다 잘사는 선진국들보다 우리나라의 청소년들이 더 우수한 것이다.

그러나 마냥 좋아할 문제만은 아니다. 스스로 공부하는 능력은 OECD 34개 국가를 포함한 총 평가 대상인 65개 국가 중 58위로 최하위 수준으로 나타난 것이다.[8] 우리의 주입식 교육이 반짝 성공을 거두었지만, 자기주도학습에는 실패한 것이다. 그리고 이러한 실패는 갈수록 떨어지는 평가결과로 나타난다. 2006년에 읽기의 최상위권 학생 비율은 21.7%였으나 2009년에는 12.7%로 떨어졌다. 수학은 9.1%에서 7.8%로 낮아졌다. 과학은 1.1%로 같은 수치를 나타냈다.[9] 교육열은 이전보다 떨어지지 않고 오히려 더 과열되었음에도 전 세계적 수치에서 낮아지고 있는 것에 우리사회가 주목할 필요가 있다. 결국 이러한 저하는 사회에 진출하기 전 단계인 대학에서의 학업성취도에서도 나타나고 있다.

많은 한국 청소년들이 외국으로 유학을 떠나고 있다. 그들은 큰 꿈을 꾸고 미국을 포함한 다양한 국가 내 대학의 문을 두드렸다. 그러나 꿈을 이룬 우리의 젊은이들은 그 수가 예상외로 적다. 그렇게 똑똑하던 우리의 청소년들은 다 어디로 간 것일까? 많은 수가 새로운 교육 시스템 적응 실패와 외국 학생들과의 경쟁에

7 "우리 학생들 공부 실력, OECD 최상위권," 조선일보, 2010. 12. 7. (http://news.chosun.com)

8 "서울시, 교육현장목소리 반영한 '3無학교' 본격 가동," 조선일보, 2011. 1. 31. (http://edu.chosun.com)

9 "중국, 중3-고1 학업성취도 OECD 1위," 중앙일보, 2010. 12. 8. (http://article.joinsmsn.com)

밀려 도태된 것이다. 그럼 우리 청소년들의 문제는 무엇인지 진지한 고민이 필요하다.

우리나라 청소년들은 앞서 설명한 것처럼 어린 시절부터 성공을 위한 좋은 점수 획득을 위하여 책상에 앉아 피나는 노력을 한다. 그들은 공부 외에 다른 것을 할 시간은 없다. 공부만이 성공으로 가는 길로 인식하고 오로지 그것만을 하고 있는 것이다. 바로 이것이 그들의 실패요인이다.

외국의 청소년들은 학창시절 우리처럼 교실과 방안에 갇혀 공부만 하는 것이 아니다. 정규수업을 마친 학생들은 다양한 방과후의 활동을 통해 체육, 음악, 미술 등의 취미생활을 한다. 그뿐이 아니다. 그들에게는 공부만을 강조하는 부모님이 없다. 부모들은 학교수업을 마치고 집에 돌아온 자녀들과 함께 다양한 활동을 한다. 이러한 활동들은 청소년들의 고른 신체적 발달을 가지고 온다. 자연스럽게 외국의 청소년들은 체력이 증진될 수밖에 없다.

어린 시절부터 쌓인 외국 청소년들의 체력은 대학에 들어와 그 빛을 발휘하고 있다. 우리나라 유학생들이 어려움을 겪는 이유가 여기 있다. 비록 어려서 지식을 덜 접했을지 모르지만 외국 대학생들은 체력적인 강점을 통해 그 부분을 상쇄시킬 뿐만 아니라 더 앞서 나가는 것이다. 수업시간에 열심히 공부하고 밤에도 늦게까지 공부해도 그들은 다음날 쌩쌩하다. 하지만 우리나라 유학생들은 그렇지 못한 것이다. 체력적으로 엄청난 학습량을 감당할 수 없는 것이다. 대학에서 요구하는 많은 학점이수와 교수들이 내주는 엄청난 과제들의 부담으로 중도에 자신의 꿈을 접고 귀국

하는 것이다.

또한, 청소년기에 만들어진 체력에 더해 항상 운동하는 습관을 가진 외국 학생들은 자신의 체력을 대학에 와서도 관리하고 있다. 체력이 좋은 그들은 자신들의 시간을 공부 외에도 꾸준한 체력관리에 투자한다. 그 결과는 지속적인 학습에도 도움을 주는 것이다. 공부는 잘했을지 몰라도 운동하는 습관이 되어 있지 않은 우리의 청소년들은 그들의 하루일과를 따라하지도 못한다.

게다가, 청소년기 운동을 통해 만들어진 사교성과 창의성 역시도 외국 청소년들의 무기이다. 이것은 체력의 증진으로 높아진 학습량과 효율성에 시너지 효과를 주고 있다. 인간관계에서도 잘하고 똑같은 사물을 보고도 다른 생각을 할 수 있는 그들의 능력은 가히 무서울 만하다. 바로 이것이 세계를 선도해가는 그들의 힘인 것이다.

공부는 중요하다. 성공을 위한 가장 핵심인 요소이다. 그러나 그것을 뒷받침해줄 수 있는 바탕이 없다면, 아무런 소용이 없을 것이다. 모래 위에 지어진 성은 쉽게 무너진다. 외부의 어려움을 견뎌내지 못하는 것이다. 그러나 잘 다져진 땅 위에 세워진 성은 그렇지 않다. 어떠한 난관에도 그 성은 굳건히 자기 위치를 고수할 것이다. "건전한 신체에 건전한 정신이 깃든다"는 진리처럼 튼튼한 체력이 길러져야 학업의 성취, 더 나아가 미래의 성공이 약속되는 것이다.

3 체력을 통해 무엇을 얻을 수 있는가?

1) 건강한 신체

세계보건기구(WHO)는 건강을 질병이 없거나 허약하지 않은 것을 넘어 신체적, 정신적, 사회적으로 완전히 안녕한 상태에 놓여 있는 것으로 정의하였다. 과거 육체적·정신적인 것에 국한되었던 건강이라는 말이 사회적인 측면까지로 확장된 것이다. 체력을 단련하게 되면 물론 앞의 세 가지 사항을 모두 안녕한 상태로 유지시켜 줄 것이다. 그러나 그중에서도 건강한 신체가 확연히 겉으로 드러나게 되는 부분임과 동시에 가장 먼저 나타나는 측면이었다. 건강을 언급할 때, 가장 먼저 신체를 언급하는 이유가 여기에 있다. 신체의 건강은 건강을 이루는 중심축이다. 건강한 신체가 선행되어야 건강의 다른 요소들도 이루어질 수 있는 것이다. 그리고 더 나아가 건강한 신체가 있어야 리더로서의 다른 덕목도 갖출 수 있다. 미국 건국의 아버지인 토머스 제퍼슨은 이 사실을 잘 알고 있었다.

미국의 제3대 대통령 토머스 제퍼슨은 정치가이기도 했지만 교육자였다. 그의 교육철학은 학생들의 단순한 지식 함양이 아니었다. 그는 국가에 공헌할 수 있는 리더를 양성하길 원하였다. 그리고 그것을 이루기 위한 바탕으로 그는 건강한 신체를 중요시하였다. 이러한 그의 철학이 반영된 것이 바로 버지니아대학교였다. 제퍼슨은 1819년 버지니아대학을 설립하며, 교내에 전국 최고의 운동시설을 먼저 갖추도록 계획하였다.

버지니아대학은 전체 학생의 94%가 4개의 실내 체육관 중 하나를 이용할 수 있을 만큼 많은 운동시설을 갖추고 있고, 실외운동을 위해서도 23에이커(0.093km^2)의 공원을 조성하였다. 수업이 무조건 주라고 생각하여 학생들의 체력단련시설이 배제된 채 공부하는 교실부터 만드는 우리나라 대학들과는 차원을 달리하였다.

제퍼슨은 대통령을 마치고 난 후, 앞으로 미래의 미국을 짊어지고 나갈 국가적 리더가 필요하다는 인식을 분명히 하였다. 그리고 그 결과물이 바로 자신의 고향에 세워진 버지니아대학이었다고 생각한다면, 그 중요성을 깊이 새겨 보아야 한다. 그는 건강한 신체를 가진 이가 지식을 함양할 수 있으며, 그런 사람이 리더로 성장할 수 있다고 본 것이다.

2) 올바른 정신

건강을 구성하는 요소로 신체적인 면을 가장 먼저 언급하였다. 그렇지만 건강은 신체적 건강만으로는 이야기할 수 없다. 정신적인 건강 역시도 건강을 이루는 큰 요소인 것이다. 이 단어를 좁은 의미로 본다면, 정신장애를 뜻할 수도 있을 것이다. 그러나 더 넓은 의미에서 정신적인 건강은 올바른 정신을 가지고 있는가의 문제이다. 즉, 똑같은 현상에 대해 부정적인 인식을 하고, 어려운 상황에 부딪혔을 때 쉽게 포기해버리는 등의 정신적 나약함도 정신적 건강의 좋지 않은 예인 것이다. 하지만 체력을 증진시키는 다양한 활동들은 청소년들로 하여금 이러한 부정적인 모습들을 탈피시키고 긍정적이고 진취적인 방향으로 나아갈 수 있도록 돕는다.

다시 말해, 오늘날 체력증진을 하는 목적은 단순히 신체적 건강뿐만 아니라 정신적 가치를 높이기 위함이다. 학력 위주 입시교육, 소비 향락적 여가문화, 편의 위주 신체활동 등이 청소년들에게 미치는 병폐를 치유하고 정신적으로 올바른 인간상을 구현하기 위해 체력 단련이 필요한 것이다. 운동기구를 사용한 후에 제자리에 정리하면서 공중도덕을 배우고, 경기규칙을 준수하거나 종목별로 맞는 복장을 착용하면서 법과 질서를 자연스럽게 습득한다. 또한 마라톤 코스 완주를 통하여 자기 자신과의 싸움에서 승리하는 성취감을 맛볼 수 있고, 월 단위 체력단련 목표 설정 등을 통해 목표지향적이고 미래지향적인 도전정신을 배우게 된다. 이뿐 아니라 상대 선수나 팀 동료의 멋진 플레이가 연출되었을 때의 갈채, 그들이 경기장에 넘어지면 일으켜 주는 행동 등을 통해 청소년들의 개인주의적 성향은 저절로 사라지게 된다.

지난 2011년 1월 벌어진 한국과 이란의 8강전에서 차두리 선수는 이러한 올바른 정신을 보여주며 '매너남 차두리'로 인터넷을 뜨겁게 달구었다. 주심이 후반전 경기 종료 휘슬을 불었다. 한국이 1:0의 승리를 거두며 이란과의 축구경기 징크스를 떨쳐버린 것이다. 당시 공격수 윤빛가람 선수의 결승골로 승리했

차두리의 스포츠맨십
(sports.chosun.com/news - 2011. 1. 25)

기에 그가 스타가 된 줄 알았다. 그러나 주인공은 그가 아닌 수비수 차두리 선수였다.

경기가 끝나고 모두가 승리의 기쁨을 즐길 때, 차두리 선수는 그라운드에 주저앉아 패배를 아쉬워하고 있던 상대편 이란 선수 하지사피에게 위로의 말과 악수를 청하며 일으켜 세워준 것이다. 올바른 정신, 올바른 스포츠맨십을 가지고 있는 차두리 선수가 주목받는 것은 너무나 당연한 일이다. 우리 청소년들이 체력증진을 실시하며 배워야 하는 것이 바로 이러한 올바른 정신의 모습인 것이다.

3) 더불어 사는 협동심

지적 수준이 높고 경제적으로 부유한 사회의 사람들은 대부분 자기들만이 잘난 줄 알고 또 더 잘나가기 위해 애쓰며 살아간다. 그러나 더불어 살아야 하는 현실 속에서 나보다 못한 누군가에게 나를 맞추지 않고서는 아무 일도 할 수 없다. 이러한 사회에서 체력단련은 청소년들에게 더불어 사는 삶을 가르쳐 준다.

협동심을 길러주는 대표적인 경기로 조정을 들 수 있다. 고요한 수면 위에서 여러 사람이 하나가 되어 노를 젓는 조정 경기는 지루하고 매력 없는 운동처럼 보인다. 그러나 조정은 동료 간의 협동심을 길러주는 대표적인 스포츠이다. 심폐 지구력, 근력, 근지구력, 순발력, 정신력 등 전 분야에서 우수한 능력을 갖춘 선수들로 한 팀을 구성하겠지만, 그중에서도 서로 간의 실력차이는 있을 수밖에 없다. 결국 팀 내에서 가장 실력이 뒤처지는 선수에

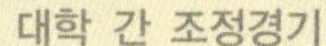

대학 간 조정경기

미 육사와 해사의 미식축구경기

게 팀원 모두가 배려를 해야 한다. 바로 이러한 점이 조정의 매력이자 교훈이다. 명문대학인 미국의 하버드대학과 예일대학, 영국의 옥스퍼드대학과 케임브리지대학, 일본의 와세다대학과 게이오대학 간의 조정 경기가 개최되는 이유도 바로 이런 이유 때문일 것이다.

조정만이 아니라 미국 내 또 다른 라이벌 학교인 미 육군사관학교(웨스트포인트)와 해군사관교(아나폴리스) 간의 미식축구 경기도 협동심을 자극하는 또 다른 스포츠이다. 1890년부터 지금까지 이어져 온 양 사관학교의 경기로 서로의 협동심은 계속해서 극대화되어 왔다. 미식축구는 팀의 한 선수가 아무리 잘한다고 해도 승리할 수 있는 경기가 아니다. 15분씩 4번의 쿼터를 뛰며, 11명의 선수가 각자의 포지션의 역할을 잘해낼 때에 비로소 승리할 수 있는 것이다. 수비와 공격이 엄격하게 분리되어 있는 경기의 룰은 경기에서의 희생과 협동을 더 심화시키고 있다. 즉, 선수들은 강인한 체력에 더하여 수비와 공격에 있어 서로 맡은 역할에 충실하게 조화를 이루어야 하는 것이다. 미 육군과 해군이 이러한 서로 간의 미식축구를 오랜 역사를 통해 지켜 온 것은 바로 여기서 배운 협동심을 가진 리더가 세계를 선도하는 미국의 핵심 인재라는 것을 알기 때문이다.

영화 – 리멤버 타이탄
(www.maxmovie.com/movie info/detail still)

2000년 개봉한 영화 〈리멤버 타이탄〉은 미식축구를 통해 흑백 인종이 하나가 되는 실화를 그리고 있다. 1970년 미국은 여전히 흑백 인종 갈등이 만연하였고, 정부의 인위적인 노력에도 해결은 쉽지 않았다. 영화는 이러한 암울한 시대상을 배경으로 버지니아 주 알렉산드리아에 있는 T. C. 윌리엄스 고등학교의 미식축구부 타이탄스를 중심으로 전개된다. 워싱턴 미국 정부는 미국인 모두가 가장 사랑하는 미식축구를 통해 흑인과 백인의 조화를 이루고자 타이탄스의 헤드코치로 흑인인 허만 분을 보냈고 선수들의 구성도 흑인과 백인 학생들을 섞었다. 그러나 백인들은 흑인과 함께할 수 없다며 반발하며 서로의 반목은 심했다. 게다가 흑인코치가 기존의 백인 코치를 부코치로 하려 하자 윌리엄스 고교는 일촉즉발의 위기에 놓이게 되었다.

그러나 미식축구에 담긴 협동정신은 위기를 기회로 바꿨다. 미식축구는 절대로 혼자서 할 수 없는 경기이다. 엄격한 포지션 구분이 특징인 경기방식은 백인과 흑인이 하나로 만들어 갔다. 피부색은 달랐지만 그들은 미식축구를 사랑했고 그에 대한 열정이 대단하였다. 성실함과 명예, 그리고 투철한 직업의식이라는 공통점을 가진 흑인 헤드코치와 백인 부코치는 서로를 이해하게 되었다. 그리고 흑백이라는 인종문제로 분노에 찬 팀 선수들을 교화시켜 나갔다. 우승을 위한 타이탄스 팀의 집념은 각자의 역할에 대한 충실함과 서로를 돕는 희생정신으로 수렴되었다. 그들은 서로의 거친 숨소리를 느끼며, 버지니아 주 고등부 리그에서 우승을 차지했고 전국대회에서는 준우승을 차지하였다. 협동심을 자극하는 미식축구로 인종갈등이 사라져 갔던 것이다.

조정과 미식축구의 예에서 보듯이 이들 대학들은 지적으로만 높은 수준의 인재가 아닌 협동심을 극대화시킬 수 있는 운동경기를 통해 리더를 양성하는 것이다. 이들 대학들의 학생은 체력이 강인한 협동심 강한 인재인 것이다.

4) 책임감

신체활동에 참여하면서 우리는 자연스럽게 책임감을 배우게 된다. 농구경기에서 가장 중요시하는 것이 리바운드이다. 내가 '센터' 포지션이라면 상대팀 선수와 몸싸움을 하기 싫다고 골밑을 안 지키고 외곽에서만 움직인다면 리바운드를 하나도 할 수 없어 패배를 자초하게 된다. 즉, 자신의 위치에서 최선을 다하는 팀의 승률이 높을 수밖에 없다. 조지 패튼 장군은 사관학교 시절 체육활동에 지독하게 열중했다고 한다. 당시 사관학교의 육상기록을 갱신했을 정도였다. 그는 모든 일에서 실천적이었고, 항상 자기책임을 완수했다.

2009년 NBA 명예의 전당 헌액선수로 선출된 데이비드 로빈슨은 해군사관학교를 졸업하고 의무복무 기간 4년을 모두 채운 후 드래프트 1순위로 소속팀 샌 안토니오 스퍼스에 입단한 이력을 갖

조지 패튼

데이비드 로빈슨
(www.nba.com.historical/playerfile/index.html player)

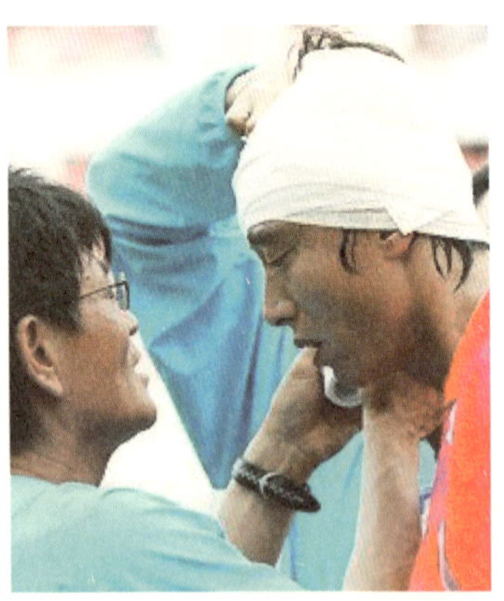

황선홍 부상투혼
(http://search.chosun.com/search/photo.search)

김태영 부상투혼
(http://search.chosun.com/search/photo.search)

고 있다. 그는 선수시절 화려한 기량은 물론 해군장교 출신다운 책임감 있고 매너 있는 모습을 보여 NBA의 많은 팬들로부터 큰 사랑을 받았다. 2002년 한국 월드컵 대표팀의 만형 황선홍과 김태영 선수의 경기 중 부상 투혼은 우리나라의 4강 신화를 창출할 수 있었던 원동력이자 책임감의 귀감이 되는 사례라고 할 수 있다.

5) 인내심

'한술 밥에 배부르랴'라는 속담이 있다. '로또 열풍', '한탕주의'가 만연한 요즈음 세대에 경종을 울리는 말이다. 체력단련, 신체활동을 통해 우리는 자연스럽게 인내심을 배우게 된다. 웨이트 트레이닝을 조금 한다고 해서 근력이나 근지구력이 하루아침에 발달되는 것이 아니다. 국민적 영웅 김연아 선수가 트리플 악셀 연기를 하기 위해서 1,000번 이상의 혹독한 훈련을 했다는 것을 우리는 잘 알고 있다. 그녀는 허리통증을 비롯한 각종 부상에도 연습을 게을리하지 않고 끝까지 견뎌내어 대한민국 국민 모두를 감동시킨 세계 최고의 피겨선수가 될 수 있었던 것이다.

김연아의 트리플 악셀 연습
(http://search.chosun.com/search/photo.search)

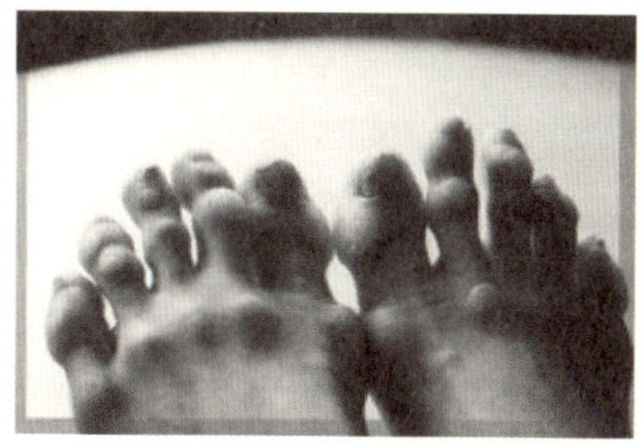

강수진의 발
(http://search.chosun.com/search/photo. search)

언젠가 인터넷에 화제가 된 발레리나 강수진의 발 모양 사진 역시도 인내심을 상징하고 있다. 세상에서 가장 아름다운 춤을 추는 강수진과 달리 그녀의 발은 세상에서 가장 못생겼다. 그러나 누구도 그녀의 못생긴 발 모양에 대해 손가락질하지 못한다. 이 발은 그녀의 살인적인 발레 연습에 기인한 것이다. 그녀는 하루에 적게는 15시간, 많게는 19시간 연습을 하였다. 남들이 2~3주에 걸쳐 신을 토슈즈 네 켤레를 단 하루 만에 갈아 신기도 했을 정도였다. 발에 땀이 차고 물집이 잡히는 건 기본이고, 사시사철 발톱이 빠지고 살이 짓무르면서 피가 났다. 쉽게 아물지 않는 상처 때문에 고름이 흐르기 일쑤였다. 토슈즈를 벗을 때엔 생살을 떼는 아픔을 느꼈고, 발가락 사이에 쇠고기를 끼워 고통을 줄이려고 했었다.[10] 이러한 연습으로 그녀의 발은 기형이 되었다. 그러나 그녀는 현재 슈튜트가르트 발레단의 수석발레리나일 뿐만 아니라 독일의 무형문화재가 될 수 있었던 것이다.

1984년 LA 올림픽 육상 800m 금메달리스트 브라질의 조아큄 크루즈는 장애를 극복한 올림픽 영웅이었다. 그는 출생 시 오른쪽 다리가 2cm나 짧아 다리를 저는 장애인이었다. 그래서 특별히 고안한 운동화를 신고 뛰었다. 수술만

조아큄 크루즈
(www. toucan athletic club.com TACnews.html)

[10] 장광열, 『당신의 발에 입맞추고 싶습니다』.

하면 정상인이 될 수도 있었지만, 어려운 집안 형편으로 병원치료 한번 못 받고 성장했다. 방과 후에는 구두닦이와 껌팔이를 하며 유년시절을 보냈고, 배고픔을 달래기 위해 운동을 시작했다. 그의 천부적인 소질을 지켜본 한 체육교사가 그의 가능성을 알아보고 개인지도를 자청했고, 묵묵히 맹훈련을 거듭한 크루즈는 급격한 기록향상을 보여 17세에 400m, 800m, 1500m에서 남미 신기록을 세웠고, 4년 뒤 올림픽에서 금메달리스트가 되었다.

청소년들은 이처럼 운동을 통해 자신의 한계를 시험하고 도전하는 과정을 통해 인내심을 기를 수 있다. 인내심을 가진 그들은 어떠한 역경이 와도 쉽게 무너지지 않는다. 오히려 끝까지 참고, 고통의 뒤에 있는 인고의 열매를 바라볼 것이다. 그리고 어려움을 극복했을 때 느끼는 성취감을 즐길 것이다. 힘든 학업도 체육활동을 통해 길러진 인내심을 가진 청소년들에게는 문제가 될 수 없다.

6) 창의성

신체활동은 뇌 발달에 큰 영향을 미친다. 발달, 성장, 성숙의 총체적 시기인 유아기의 신체활동과 뇌 발달에 관한 상관관계 연구는 이를 크게 뒷받침해주고 있다. 특히 신체활동은 좌뇌와 우뇌 모두를 발달시킬 수 있는데 혹 잘못된 신체활동은 한쪽으로 편중된 발달을 가져올 수 있다. 특히, 청소년들이 획일적이고 고르지 못한 신체활동만을 할 경우 좌뇌가 발달하지만, 다양한 신체활동을 접한다면 창의성과 관련된 우뇌가 발달하게 된다.[11] 유아기나

[11] 박병권, 「유아의 신체활동이 뇌 발달에 미치는 영향」, 『종합예술과 음악학회지』, Vol. 2, No. 2, 2008, pp. 83-97.

청소년기에 다양하게 신체를 움직여야 하는 이유가 여기에 있다.

신체를 움직여서 무슨 '창의성'을 신장시켜 줄 수 있는가?라는 의문점이 생길 것이다. 그러나 신체활동을 통해 자신의 신체와 공간과의 관계를 생각해 볼 수도 있고, 경기에 승리하기 위해 상대방의 약점을 공략할 수 있는 예상치 못한 창의적인 방법들을 모색할 수도 있다. 운동에는 창의적인 생각을 적용해야 하는 부분이 무한한 것이다. 어린 시절 한번쯤 해보았던 피구나 구슬치기를 할 때 우리 동네와 이웃 동네의 규칙과 방법은 서로 달랐던 것을 생각해 볼 수 있다. 이러한 것은 교육을 받은 것도 아닌데 스스로 생각하고, 서로 토의를 해보아서 창의적이고 합리적인 방법을 또래집단 간에 결정해 놓은 것이다.

구체적으로 창의적인 생각을 통해 자신들의 약점을 극복하고 승리를 쟁취한 대표적인 사례가 있다. 먼저, 일본 남·녀 배구의 올림픽 우승(남자배구 – 1972년 뮌헨 올림픽, 여자 배구 – 1964년 도쿄 올림픽)을 들 수 있다. 당시 일본 선수들은 신장의 열세를 극복하기 위한 방법을 모색하던 중 남자배구는 속공(A퀵, B퀵, C퀵), 여자배구는 시간차 공격으로 장신의 서양 선수들을 농락하며 금메달을 거머쥐었다.

다음으로 1974년 독일(당시 서독) 월드컵에서 네덜란드 축구 대표팀은 브라질의 지역방어와 헝가리의 포지션 체인지 전술을 응용하여 '토

토탈사커의 창시자 크루이프

탈사커' 전술을 개발해 브라질, 아르헨티나, 우루과이 등 남미 강호들을 모두 물리치며 준우승을 차지하였고, 오늘날에도 이 전술을 응용한 다양한 축구전술이 적용되고 있다.

7) EQ(감성지수, Emotional Intelligence Quotient)

현재 우리나라가 나아가야 할 교육방향은 단순한 지식의 함양이 아니라 지 · 덕 · 체의 전인적 인격발달에 있다. 균형 있는 정서의 형성과 신체적 발달이 중요한 이유는 여기에 있겠다. 과거 지적 능력(IQ) 발달만을 강조한 교육에 치중하여 청소년의 비인간화가 심화되는 현상을 극복하고 새로운 전인교육과 실효적인 교육을 실시하기 위한 방법으로 제시되고 있는 것이 바로 감성지수 EQ이다. 그리고 여러 연구들은 이러한 EQ와 학업성취도와 운동능력의 상관관계가 크다는 결과를 내놓았다.[12] 이처럼 EQ는 인간에게 중요한 요소인 것이다. 그렇다면, 성장기의 청소년에게 긍정적인 영향을 미치는 EQ를 어떻게 높일 수 있을까? 그 해답은 바로 다양한 신체활동을 통한 체력단련에 있다. 체력증진을 위한 활동은 청소년들의 감성을 자극하여 그들의 EQ 지수를 끌어올리고, 이것이 다시 운동능력을 높여주는 식의 순환적인 관계를 보인다.

일반적으로 운동을 경쟁적인 활동으로 생각하는 경향이 많지만 그보다는 다른 사람과 함께하여 시너지 효과를 내는 것이다. 이들 신체활동을 통해 인간은 자신의 감정을 통제 및 조절하고 타인과 원만한 관계를 유지할 수 있는 능력을 배울 수 있는 것이다.

12 김정구, 「여고생의 EQ 지수와 운동능력의 관계」, 『한국체육학회지』, 제41권, 제5호, 2002, pp. 247-259.

진정한 스포츠맨십은 승리만을 추구하는 것이 아니다. 우리말로는 운동가 정신이나 경기도로 번역되고, 유럽에서는 기사도 정신으로 불리는 스포츠맨십은 페어플레이와 같은 말이다. 미국에서 정한 스포츠맨십을 요약하면 다음과 같다.[13]

1. fairness: 경기규칙을 지키고 심판판정을 존중해야 한다.
2. self-control: 화를 내지 말고 예의를 지켜야 한다. 건전한 정신과 냉철한 판단력을 가져야 한다.
3. courage: 패배했다고 낙심하지 말고 계속 도전해야 한다.
4. persistence: 경기를 즐기고, 꾸준히 실시하여 건강을 지켜야 한다.

미국의 스포츠맨십의 내용에서 보듯이, 운동경기는 승리에 목메어 과도한 경쟁을 원하는 것이 아니다. 특히, 아마추어들에게 있어 운동은 서로가 정한 규칙과 약속을 지킴으로써 준법정신을 익히고, 경기 중 화를 참거나 패배에 낙심하지 않음으로써 스스로 마음을 컨트롤할 수 있는 것이다. 승리에 단순히 도취되지 않는 것도 차분한 마음을 유지하는 것이며, 또한 남을 배려하는 자세의 시작인 것이다. 그리고 경기의 승패를 떠나 그 자체를 즐기는 것은 기존의 스트레스로부터 해방될 수 있는 출구로 긍정적인 삶의 기초가 될 수 있다.

럭비는 이러한 EQ를 높여주는 대표적 운동이다. 럭비는 필드 위에서 구르고 부딪치는 과격하고 험한 운동으로 보이지만 상대에 대한 존중과 신사도를 강조하는 운동이다. 그래서 축구경기와

[13] (http://en.wikipedia.org/wiki/sportsmanship)

달리 트라이(미식축구의 터치다운) 후에 세리머니를 가급적 자제한다. 또한, 경기가 종료되면 패배한 팀이 양쪽으로 늘어서 승리한 팀이 퇴장할 때 박수를 쳐주는 전통이 있고, 하나뿐인 샤워장에서 양팀 선수들이 함께 땀을 씻는다. 이렇듯 신체활동을 통해 우리는 부지불식간에 감성지수를 늘릴 수 있다.

8) 리더십

과거 리더십 하면 주로 나폴레옹, 처칠, 루즈벨트와 같은 정치인들이나 장군들의 예화가 중심이 되어 왔다. 기업의 시기인 20세기에 들어서는 잭 웰치와 빌 게이츠 등의 기업가가 새롭게 등장하였다. 그러나 요즘에는 스포츠 감독들의 리더십이 부각되고 있다. 박진감 넘치는 경기로 대표되는 스포츠의 재미는 대중들의 이목을 쉽게 끌고 있으며, 스포츠에서의 리더십은 확실한 결과가 바로 TV 등을 통해 시각적으로 나타나기 때문에 더없는 좋은 본이 되고 있다.[14] 그리고 감독만이 아니라 운동을 하는 선수들 사이에서도 리더가 나오고, 그들의 활약에 따라 경기 결과가 좌우되고 있다는 점에서 신체활동을 통한 리더십 습득은 청소년들에게 중요하다.

신체활동은 나 혼자만 하는 것이 아니다. 그렇기에 지도자는 개인 또는 팀의 승리에 큰 영향력을 발휘한다. 지도자 각자의 개성에 따라 리더십을 발휘할 때 응집력과 효율성에 중대한 영향을 미치고, 그것이 개인과 팀의 승리와 성공으로 연결된다. 가장 대

14 권영설, 「경영의 창: 유연한 리더십, 스포츠에서 배워라」, 『월간 경영계』, Vol. 372, pp. 54-55.

표적인 사례가 거스 히딩크의 리더십이라고 할 수 있다. 한때 '홍명보당(當)에서 만든 안정환(丸)이라는 특효약을 이천수(水)에 타서 마시면 히딩크 하고 트림이 나오면서 10년 묵은 체증이 뚫린다'는 우스갯소리가 유행할 만큼 2002년 월드컵 당시 히딩크의 인기는 대단했다. 특히, 외국 감독으로서 월드컵 이전 약체로 평가받던 한국 팀을 4강까지 진출시키며 '꿈은 이루어진다'는 한국적 비전을 제시했다.

감독 한 명이 팀 전력을 확연히 뒤바꿔놓을 수 있다는 것을 보여준 그의 리더십은 우리사회에서 지도자의 중요성을 인식시키는 계기가 되었고, 각 단체에서 앞 다투어 이를 벤치마킹하였다. 히딩크는 '온갖 비난과 타협에 대한 유혹 및 실행 과정에서의 고뇌에도 불구하고 원칙을 고수'하였다. 그리고 이러한 토대 위에서 기초 체력훈련과 단체생활에서의 규율을 강조함과 동시에 멀티 플레이어를 육성하였다. 또한, 선수 상호 간 건전한 협력 관계 형성을 유도하고 무한한 신뢰를 바탕으로 자신을 믿고 따르게 하였다.

9) 집중력

일반적으로 운동을 좋아하는 활발한 성격의 사람보다 차분한 활동을 좋아하는 사람이 더 효율적으로 오랫동안 집중할 수 있다고 한다. 그러나 반대로 단기간에 주의력을 집중해야 하는 상황에서는 달라진다. 신체활동이 적은 사람은 새로운 변화에 대하여 느리게 반응하며, 그에 대해 집중하는 데 시간이 오래 걸리는 것이다. 오히려, 운동이라는 변화의 상황을 즐기는 사람들이 산만한 것 같지만, 결정적인 순간에 고도의 집중력을 발휘하는 것이다.[15]

공부를 비롯한 사회에서 만나는 상황들은 빠른 상황판단을 요하는 경우가 많다. 그렇게 본다면, 오래 집중할 수 있으나 느린 것보다 조금은 산만할지라도 신속하게 어떠한 문제에 집중하여 일을 처리할 수 있는 것이 중요할 것이다. 청소년들은 하루가 다르게 변해가는 사회의 적응을 위해서 운동을 통한 집중력 향상이 필요한 실정이다.

그렇다면 어떠한 신체활동이 청소년의 집중력을 향상시키고 있는지의 구체적 사례를 살펴보면 다음과 같다. 헬스장에서 트레이너들이 가장 많이 하는 말이 '운동부위에 집중하라'이고, 구기운동 선수들에게 가장 중요한 것은 '볼에 집중하는 것'이다. 즉 신체활동을 하면서 내가 단련을 하는 신체부위나 경기를 하는 기구에 집중을 하는 이유는 완벽한 반응을 유도하고, 신경조직을 자극하며 충분한 운동감을 느끼게 해주기 때문이다. 또한, 이러한 자극을 통해 근육 양의 증가나 근육 손상 등의 부상 방지는 물론 경기력을 향상시킬 수 있다. 이렇게 습득된 집중력은 결국 우리 생활을 윤택하게 해주는 원동력이 된다. 공부 잘하는 학생들의 공통점은 두말할 것 없이 집중력이고, 명연기자들은 연기에 몰입하기 때문에 연기력이 뛰어난 것이다. 그리고 조각가들이나 건축가들의 훌륭한 작품 완성은 고도의 집중력 없이는 불가능하다.

[15] 조성길, 「초등학생 검도수련에 따른 학습태도 및 주의집중력에 관한 연구」, 국제문화대학원 석사졸업논문, 2009.

4 신세대 체력의 현실

1) 청소년 비만과 각종 질병

청소년 비만

얼마 전 임페리얼 칼리지 런던(Imperial College London)의 마지드 에자티(Majid Ezzati) 교수는 "과체중과 비만, 고혈압 및 콜레스테롤은 더 이상 서구나 선진국들에 국한된 문제가 아니다"라고 말했다.[16] 또한, 그는 의학잡지 랜싯에 발표한 연구결과에서 비만이라는 전염병이 잘사는 국가뿐만 아니라 가난한 국가들로도 확산되어 전 세계에 5억 명 이상이 비만 상태이며, 이는 인구 10명당 1명꼴이라고 밝히고 있다. 미국과 같은 선진국만이 아니라 후발 국가로도 비만이라는 공포가 확산되고 있음을 우리에게 경고하는 연구결과일 것이다.

한편, 앞의 연구에 더하여 우리의 비만 문제를 더 심각하게 바라보게 만드는 결과가 또 있다. 영국 옥스퍼드대학교(University of Oxford)의 애브너 오퍼(Avner Offer) 교수팀은 자유시장 경제체제 국가에 사는 사람일수록 불규칙적 생활로 인해 비만이 되기 쉽다는 연구결과를 발표한 것이다. 그들은 미국과 유럽의 자유경쟁 체제에 기반을 둔 11개 국가들을 연구하였다. 결과는 자유경쟁이 심한 미국, 영국, 캐나다, 호주 등이 상대적으로 사회보장이

[16] "비만으로 전 세계에 심장병 쓰나미 닥친다", 뉴시스 2011. 2. 4. (http://newsis.com)

잘 되어 있는 핀란드, 프랑스, 독일, 이탈리아, 노르웨이, 스웨덴, 스페인 등보다 비만도가 더 높다는 것이다. 양측의 대표적인 국가로 경쟁이 심한 미국과 복지가 잘 되고 있는 노르웨이를 놓고 볼 때, 미국은 전체 인구의 3분의 1이 비만이었던 것에 반하여, 노르웨이는 비만인구가 5%에 불과하였다.[17] 우리나라는 분명 비교대상국가에 포함되어 있지 않다. 그러나 분명 우리는 경쟁이 심한 나라에 속할 것이다. 위의 두 내용은 다음의 보건복지부의 연구결과로 분명하게 수렴되고 있다.

우리나라의 비만 청소년의 수는 지난 30년간 두 배로 증가하여 성인의 비만 증가율보다 훨씬 높은 편이다.[18] 만 2세에서 18세까지를 기준으로 소아 및 청소년의 비만 유병률은 남자 13.7%, 여자 7.5%로 나타났다. 이 가운데 중 · 고등학생에 해당하는 12~18세까지의 청소년 비만 유병률은 남자 19.6%, 여자 7.4%를 차지하여 남학생들의 경우 연령 증가에 따라 비만 발생이 증가하고 있다.

우리나라는 선진국에 들어가기 위해 치열한 경쟁을 펼치고 있는 국가이다. 우선 첫 번째 연구결과가 지적하듯이 전 세계적으로 퍼져나가고 있는 비만이라는 전염병을 피할 수 없는 위치에 놓여 있다. 그에 더해 두 번째 보고서가 말하는 경쟁이 심한 국가에도 들어가고 있다. 어려서부터 과도한 경쟁관계 속에 놓이게 되는 우리 청소년들은 전 세계로 퍼져나가고 있는 비만의 공포 속에 갇혀 버릴 수밖에 없다. "건강하게만 자라다오"라고 말하던 부모는 자식들이 커갈수록 경쟁이 심한 현실을 부인할 수 없게

17 "경쟁 심한 나라에 살수록 쉽게 비만 된다." (http://www.kormedi.com)
18 이병기 · 이주호 저, 『스포츠마케팅』, 대경북스, 2009.

된다. 그리고 당연하게 성공하기 위해서는 옆에 있는 친구들보다 더 잘나야 한다고 지속적으로 말하며, 치열한 공부의 경쟁 속에 아이들을 몰아넣는다. 아이들은 학교 운동장에서 뛰어놀 시간이 없는 것이다. 그들은 아침 일찍부터 책상에 앉아 수업을 들어야 하며, 수업이 끝나도 운동장으로 나가 뛰어 놀 수가 없다. 그들은 바로 학원으로 직행하여 또 다른 공부를 해야 한다.

비만과 질병의 관계

청소년기 비만 문제는 비만과 연관된 질환이나 정신적 문제로 이어질 수 있다. 이는 성장기에 있는 청소년들의 건강을 위협하는 원인이 될 뿐만 아니라, 인슐린저항성, 심혈관질환, 대사증후군 등의 합병증으로 발전하여 성인기 건강에도 큰 영향을 미친다.[19] 소아 혹은 청소년 비만이 성인 비만으로 이행하는 것과 관련된 연구에 따르면, 2~5세의 학령전기 과체중은 성인 과체중 위험도를 4배 정도 높이며, 청소년 비만이 성인 비만으로 되는 위험도를 25~50% 증가시킨다고 하였다.[20] 또 다른 연구는 6세 이상의 비만하지 않은 청소년이 나중에 성장해서 비만으로 연결될 가능성은 10% 정도이지만, 과체중이나 비만한 경우에는 50%를 넘는다고 보고하여 청소년 비만의 위험성을 지적하고 있다.[21]

[19] 이기봉·박성태, 「고등학생의 비만 정도에 따른 체력과 신체적 자기개념의 차이 및 관련성」, 『한국발육발달학회지』, Vol. 18, No. 4, 2010, pp. 293-299.

[20] D. L. Olstad & L. McCargar, Prevention of overweight and obesity in children under the age of 6 years. *Appl. Physical. Nutr. Metab.*, 39, 2009, pp. 551-570.

[21] R. C. Whitaker, J. A. Wright, M. S. Pepe, K. D. Seidel,- and W. H. Dietz, Predicting obesity in young adulthood from childhood and paretal obesity. N. Engl. J. Med., 337, 1997, pp. 869-873.

비만은 신체적, 생리적 건강만이 아니라 심리적 측면에도 부정적인 영향을 줄 수 있다. 비만 청소년들은 신체에 대한 자신감 결여, 혐오, 수치심, 대인관계 공포, 상태 불안, 자긍심 결여 등의 심리적 장애를 겪을 수 있다. 그리고 이것이 심화되어 우울증으로 발전할 수도 있다. 비만은 청소년기의 부정적 자아 형성에 영향을 주고, 자신감을 상실하게 하는 주원인인 것이다.[22] 결국 비만 청소년들은 자신들을 다른 학생들에게 드러내길 원하지 않고, 여기에 비만에 따르는 운동 능력의 저하까지도 맞물려 다른 사람과 함께하는 운동은 물론 혼자서 하는 운동에까지도 무기력함을 보이게 되는 악순환을 나타낸다.

2) 청소년 체력검정 사례

신체적 능력을 대표하는 요인인 체력은 청소년 시절에 가장 현저하게 발달한다. 그리고 이 시기에 만들어진 체력 수준은 성인기의 건강에까지 미친다는 점에서 웰빙이 부각되고 있는 현대에 그 중요성을 더하고 있다.

과거 체력증진의 중요성은 고등학교와 대학교 입학성적에 반영되어 그 위상이 지금보다 높았다. 1972년부터는 고등학교 입학성적에 반영되었고, 1973년부터는 대학교 입학성적에 반영되었던 것이다. 이에 따라 좋은 학교에 입학하기 위해서 학생들은 열심히 스스로의 체력을 증진시켜야만 했다. 그러나 1994년 이후부터 체력검사 결과가 대학입학 성적에서 제외됨으로써 체력을 증진시

[22] 임경빈·김병준, 「비만과 체력의 상대적 수준에 따른 중학생의 신체활동과 심리특성」, 『한국스포츠심리학회 연차학술대회』, 2010, pp. 35-49.

키고자 하는 학생들의 욕구는 자연스럽게 떨어지게 되었다.[23]

최근의 각종 지표들은 떨어진 청소년들의 체력을 여실히 보여주고 있다. 무엇보다 삶의 질이 좋아진 요즘 청소년들의 체격조건의 향상과 체력의 저하는 극명한 대비를 보이고 있다. 신장과 체중의 증가부터 살펴보면 다음과 같다. 신장의 변화부터 보면, 남자 중학생의 신장은 1970년 148cm에서 불과하였다. 이후 1999년 160.7cm, 2009년 165.2cm로 늘었다. 여자 중학생은 148cm에서 158.4cm까지 늘었다. 약 40년 전에 비해 각각 17.2cm와 20.4cm 정도 더 큰 것으로 나타났다. 남자 고등학생은 1970년 163.5cm에서 1999년 171.6cm, 2009년 173.4cm로 커졌다. 여자 고등학생은 155.1cm에서 161cm까지 커졌다. 고등학생의 키도 각각 9.9cm와 5.9cm 정도 더 높은 수치를 보였다.

체중도 마찬가지로 증가세를 보이고 있다. 남자 중학생의 체중은 1970년 40.2kg에서 2009년 58.6kg으로 늘어났다. 여자 중학생의 경우는 1970년 40.8kg에서 2009년 51.6kg으로 각각 18.4kg과 10.8kg 정도 더 늘어났다. 그리고 남자 고등학생은 1970년 53.8kg에서 2009년 67.2kg으로, 여자 고등학생은 50.6kg에서 55.3kg으로 각각 13.4kg과 4.7kg 정도 증가하였다. 위에서 살펴본 바와 같이 약 40년간의 남녀 중고등학생들의 신장과 체중 변화는 극명하게 큰 성장을 보였다.[24]

[23] 한국사이버국민건강증진센터 자료. (http://dasan.sejong.ac.kr)

[24] 2009년도 자료는 서울시교육청이 펴낸 "2000-2009학년도 서울교육통계연보" 참조.

중 · 고등학생 신장 및 체중 변화

구분		중학생		고등학생	
		남	여	남	여
신장 (cm)	1970년	148	148	163.5	155.1
	1999년	160.7	156.5	171.6	160
	2009년	165.2	158.4	173.4	161
체중 (kg)	1970년	40.2	40.8	53.8	50.6
	1999년	51.6	49.1	62.4	54
	2009년	58.6	51.6	67.2	55.3

하지만 체력은 이러한 체격의 성장과 반대로 저하되고 있다. 문화체육관광부가 2009년 보건복지부가 발간한 『청소년백서』에 제시된 청소년 체력 비교 데이터들은 그들의 체력 저하를 여실히 보여주고 있다. 체력요인인 근력, 근지구력, 순발력, 스피드, 유연성, 전신지구력 등을 측정하기 위한 제자리멀리뛰기, 팔굽혀펴기, 50m 달리기, 오래달리기(남자 1,600m, 여자 1,200m), 윗몸 일으키기의 기록은 남녀 공히 전반적으로 저하가 뚜렷이 나타나고 있다.

(남자)

구분		중1	중2	중3	고1	고2	고3
제자리 멀리뛰기 (cm)	2000년	190.0	205.8	218.2	228.5	234.9	240.7
	2005년	185.1	200.3	213.3	221.4	228.0	232.0
	2006년	181.9	196.4	207.3	219.1	224.1	226.0
	2007년	180.8	195.8	207.5	216.9	223.4	222.8
	2008년	183.2	196.9	209.2	219.3	224.4	226.2
팔굽혀 펴기 (회)	2000년	23.0	26.7	30.4	33.5	35.2	38.8
	2005년	23.3	26.9	30.1	33.2	35.8	35.5
	2006년	24.4	26.0	30.1	33.4	35.8	34.7
	2007년	23.4	25.3	27.9	32.6	34.9	33.1
	2008년	23.3	25.3	27.9	32.6	34.8	33.9
50m 달리기 (초)	2000년	8.8	8.4	8.1	7.8	7.7	7.6
	2005년	8.7	8.3	8.1	7.8	7.7	7.8
	2006년	8.8	8.4	8.1	7.8	7.8	7.9
	2007년	8.8	8.4	8.1	7.9	7.8	8.1
	2008년	8.9	8.4	8.1	7.9	8.0	8.0
1,600m 달리기 (초)	2000년	553	519	496	474	467	462
	2005년	562	537	507	487	484	490
	2006년	576	550	528	496	497	508
	2007년	589	560	547	509	500	517
	2008년	583	557	534	508	500	520
윗몸 일으키기 (회)	2000년	38.1	41.6	44.6	46.5	48.3	50.1
	2005년	38.7	41.6	43.6	45.2	46.5	46.1
	2006년	37.9	41.0	42.8	44.3	45.4	44.9
	2007년	38.4	40.1	42.9	44.6	46.0	44.5
	2008년	38.0	40.8	43.0	45.6	47.1	44.4

(여자)

구분		중1	중2	중3	고1	고2	고3
제자리 멀리뛰기 (cm)	2000년	155.3	158.1	161.5	163.4	164.7	166.6
	2005년	151.8	155.3	158.4	158.1	162.0	161.4
	2006년	149.7	151.8	154.0	157.0	156.0	154.1
	2007년	149.9	151.7	153.9	156.9	159.4	155.4
	2008년	148.3	151.5	155.3	156.4	156.6	157.2
팔굽혀 펴기 (회)	2000년	6.7	7.0	7.5	9.5	10.2	10.9
	2005년	6.0	6.5	6.4	6.5	7.0	7.5
	2006년	5.4	5.0	5.3	5.8	5.9	6.4
	2007년	5.2	4.7	6.0	6.0	6.4	6.4
	2008년	5.2	5.4	5.9	5.9	6.3	6.6
50m 달리기 (초)	2000년	9.8	9.9	9.9	9.9	9.9	9.9
	2005년	9.8	9.9	9.9	9.9	9.9	10.2
	2006년	10.0	10.1	10.2	10.1	10.3	10.5
	2007년	10.1	10.2	10.3	10.1	10.1	10.4
	2008년	9.9	10.1	10.1	10.2	10.1	10.3
1,200m 달리기 (초)	2000년	454	462	461	461	468	472
	2005년	480	476	476	480	476	505
	2006년	509	506	510	490	493	517
	2007년	506	516	516	494	499	516
	2008년	510	502	506	487	497	522
윗몸 일으키기 (회)	2000년	27.7	28.4	29.9	30.2	31.6	33.1
	2005년	27.1	28.1	28.1	29.3	30.3	30.3
	2006년	27.1	27.4	28.1	29.1	29.8	28.3
	2007년	26.4	26.2	27.0	28.0	29.1	28.6
	2008년	26.4	27.6	28.3	29.2	29.9	29.3

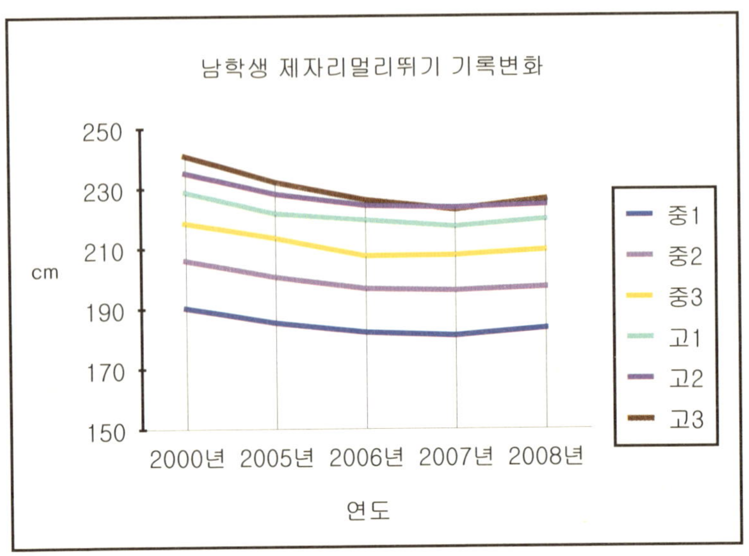
남학생 제자리멀리뛰기 기록변화
250
230
210
190
170
150
cm
2000년 2005년 2006년 2007년 2008년
연도
중1
중2
중3
고1
고2
고3

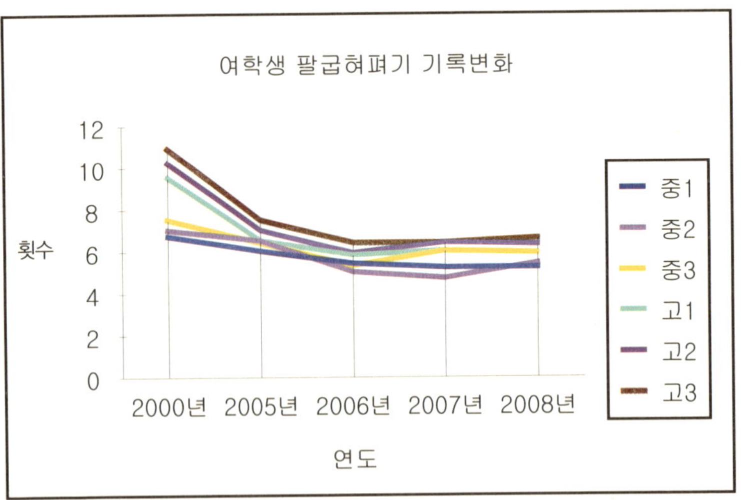
여학생 팔굽혀펴기 기록변화
12
10
8
6
4
2
0
횟수
2000년 2005년 2006년 2007년 2008년
연도
중1
중2
중3
고1
고2
고3

남학생의 제자리멀리뛰기 기록이 시간이 갈수록 떨어지는 모습을 볼 수가 있다. 이것은 과거에 비해 청소년들의 근력과 순발력이 저하되고 있다는 신호이다. 그리고 여학생의 팔굽혀펴기 횟수가 해가 지날수록 줄어들고 있는 것은 청소년들의 근지구력이 떨어지고 있음을 반증하고 있는 것이다.

이러한 청소년들의 체력 저하는 좋은 대학을 원하는 사회의 현상을 반영한 것으로 볼 수 있다. 가정에서 부모의 기대, 그리고 성적 위주의 학교교육의 결합은 청소년들을 책상 앞에만 있게 만들었다. 일시적인 집중 교육으로 청소년들의 지식은 늘었을지 모른다. 하지만 그들의 체력은 약해졌다. 장기전으로 승부를 해야 하는 공부와의 싸움에서 청소년들은 저하된 체력으로 인해 패배하고 말 것이다.

위에서와 같이 청소년들의 체격은 과거에 비해 좋아졌다. 큰 키와 늘어난 몸무게는 우리나라 사회의 발전을 보여주는 것이다. 그러나 반대로 체력은 성장한 우리의 국력과 반대를 보이고 있다. 전보다 약해진 체력을 소유한 청소년들이 과연 발전한 우리의 국가 위상을 계속해서 지켜나갈 수 있는가는 고민해봐야 할 것이다. 덩치만 좋아졌지 내실이 없는 것이 우리나라 청소년들의 현주소이다.

3) 외모지상주의와 잘못된 선택

청소년들이 매일 접하고 있는 미디어는 우리 사회 전반에 널리 퍼져 있는 외모지상주의를 부추기고 있다. 청소년들 사이에서 얼짱과 몸짱이라는 신조어의 사용이 일반화된 것은 오래전의 일이다. 그들은 맹목적으로 그들을 따라하고 싶어 하며, 손쉬운 방법을 선택하고자 한다. 이와 관계된 문제는 많이 있겠지만, 여기서는 두 가지 정도를 언급하려 한다.

먼저, 몸짱이 되려고 하는 청소년들의 의도이다. TV 매체에 나오는 연예인들의 몸은 멋있는 것을 넘어 그들의 건강을 상징하는 것이다. 그러나 청소년들은 그것이 보기에 좋다고 여길 뿐이지, 그 이면에 있는 건강이라는 것은 생각하지 않는 경우가 많이 있다. 건강을 위해 자신의 몸을 소중히 여기며 체력을 증진시키는 것이 아니라, 주변의 사람들과 이성친구들에게 잘 보이려고 하는 경향을 가지고 있다. 이러한 잘못된 목적은 두 번째로 이야기하고자 하는 목적을 달성하기 위한 수단 선택의 잘못으로 연결된다.

어려서부터 운동하는 습관이 들어 있지 않은 청소년들은 어떤 방법으로 자신이 동경하는 연예인과 같은 모습을 만들 수 있는가를 알지 못한다. 그 결과 그들은 무분별하게 성형수술과 그릇된 방식의 다이어트를 시도하고 있다.[25] 이러한 잘못된 현상을 반영한 사건이 있었다. 무면허 의사가 불법 성형을 하다 검거된 것이다. 그는 1년 8개월간 무려 470여 명에 달하는 무허가 의료행위를 하였다. 청소년들에게 그의 제안은 달콤하였다. 청소년들의 졸업 및 입학시즌을 맞아 각종 수술비 할인과 그들의 우상인 유명 연예인 사진을 동원한 홍보에 우리의 미래인 청소년들은 쉽게 무너졌다. 무면허 의료행위로 인한 다수의 피해자가 발생되었고,

25 민지현, 「미디어 이용이 청소년의 외무지상주의와 신체변형욕구에 미치는 영향 – 텔레비전 오락프로그램과 1인 미디어를 중심으로 –」, 『청소년문화포럼』, Vol. 19. pp. 45-78.

여전히 그들은 후유증으로 고통받고 있다.[26]

만약 청소년들이 어려서부터 운동을 통한 아름다움 추구의 중요성을 알았다면, 이러한 일들은 벌어지지 않았을 일이다. 미디어에 등장한 멋진 몸매의 남녀 연예인들을 따라 하기 위해 극단적인 수술을 택하는 것이 아니라, 꾸준한 운동을 통해 자신도 유사한 몸매를 가꾸었을 것이다. 그리고 운동으로 가꾼 몸매는 시술을 통한 인위적인 몸보다 더 탄력 있으며, 그 유지 또한 오래간다.

절대 TV와 지면 광고 속에 등장하는 멋진 연예인이 싫은 것이 아니다. 단지 청소년들이 왜 몸짱이 되려고 하는가의 목표에 대해 의문이 드는 것이다. 그들이 내 몸을 건강하게 만들기 위해 하는 것이라면 대찬성을 한다. 혹 그게 아니라 다른 사람들에게 인정받기 위한 행동이었더라도 운동을 통해 이루고자 했다면, 그것 또한 찬성이다. 그러나 단순히 주위의 인정과 인기를 위해 쉬운 방법으로 TV 속의 주인공처럼 되고자 하는 것이라면 결사코 반대한다.

우리 사회의 어른들은 청소년들에게 꾸준한 체력단련으로 그와 같이 될 수 있다는 경험과 믿음을 주어야 한다. 그것이 우리 사회의 미래를 더 아름답고 밝게 만들어 줄 건강을 청소년들에게 선물할 것이다.

[26] "부산서 470여명 무면허 성형 병원장 검거", 연합뉴스, 2011. 2. 23.

5 체력향상 방안

1) 부모의 역할

얼마 전 학부모들이 단체로 소송을 제기한 공익광고가 있었다. 한국방송광고공사가 만든 공익광고의 내용은 다음과 같았다.

한국방송광고공사의 공익광고의 한 장면

부모는 멀리 보라 하고
학부모는 앞만 보라 합니다.

부모는 함께 가라 하고
학부모는 앞서 가라 합니다.

부모는 꿈을 꾸라 하고
학부모는 꿈을 꿀 시간을 주지 않습니다.

당신은 부모입니까? 학부모입니까?

부모의 모습으로 돌아가는 길
참된 교육의 시작입니다.

어린 아이를 둔 부모는 자식에게 "건강하게만 자라다오"라고 말한다. 그러나 시간이 지나 청소년기에 접어들면, 부모들의 말은 달라진다. 자식들의 성공을 바라는 마음에 공부가 모든 것에 우선이 된다. 건강이라는 단어는 사라진 지 오래다. 부모들은 현실이라는 벽에 부딪쳐서라고 하겠지만, 정말 그런 것인지 의문이 생긴다. 이 광고의 카피처럼 부모가 공부하는 학생의 보호자 역할로만 떨어지고 있는 건 아닌지 부모들의 반성이 요구되고 있다.

정말 자식이 성공하길 바라는 부모라면, 교육을 다른 시각으로 바라볼 필요가 있다. 많은 것을 배우는 것은 중요하다. 그렇지만 그보다 더 중요한 것은 바로 자식들의 건강일 것이다. 이러한 건강을 지키기 위해서는 꾸준한 체력단련이 요구된다. 그러나 청소년들은 아침 일찍 학교에서 보충수업을 받는 것으로 하루 일과를 시작한다. 그리고 이어지는 쉼 없는 정규수업과 방과 후 학교, 그리고 학원까지 그들에게 주어진 운동시간은 없다. 정규수업에 있는 체육시간마저도 어떻게 공부하는 시간으로 바꿀 수 없는지를 고민하고 있는 게 우리들의 부모가 아닌지 반성해야 한다.

오래 앉아 있는다고 공부를 잘하는 것은 절대 아니다. 짧은 시간이라도 집중력 있게 하는 것이 중요하다. 그러면 집중력은 어떻게 기를 수 있는가? 그것은 바로 체력이다. 규칙적인 운동은 우리의 신체의 고른 발달을 가져와 몸의 모든 기능이 정상적으로 돌아가게 해준다. 그리고 운동으로 만들어진 균형 잡힌 신체는 책상에 앉아 공부하는 학생에게 안정감 있는 자세를 만들어주어 장시간 공부에도 지치지 않게 해준다.

그렇다고 부모가 가만히 앉아서 자녀들에게 지시만으로 운동을 강요해서는 안 된다. 자녀들은 부모가 하는 행동을 따라하는 경향이 있다. 부모가 먼저 저녁에 1시간 운동을 한다면, 자녀들도 자연스럽게 부모와 함께할 것이다. 부모에게 어려운 운동을 요구하지 않는다. 줄넘기와 걷기, 그리고 주말 산행 등을 같이하면서 체력을 증진시키는 것이다. 게다가 함께하는 운동은 부모와 자식 간의 세대 차이를 줄여주는 효과를 가져올 수 있다. 굳이 대화 시간을 만들 필요 없이 같이하는 체력단련 시간을 통해 서로 간의 진솔한 이야기를 나누며 가까워질 수 있는 것이다. 같이하는 운동은 일석이조의 효과를 내는 활동인 것이다.

부모가 학부모가 아닌 부모로 남기 원한다면, 이제 청소년들에게 무분별하게 공부만을 강요해서는 안 될 것이다. 청소들에게 왜 공부가 중요한지를 설명하고 그들이 공부를 열심히 할 수 있는 여건을 조성해 주어야 한다. 그러한 기본이 될 수 있는 것이 바로 체력이다. 그리고 무엇보다 체력을 등한시한다면, 더 큰 성과를 이룰 수 있는 기반을 잃을 수 있다. 즉, 단기성과에 만족할 수밖에 없을 수 있다. 자식이 더 큰 꿈을 꾸도록 그들에게 밑바탕을 만들어 주어야 하며, 그 과정에 부모가 자녀들과 함께해야 하는 것이다.

2) 교육자의 역할

고등학교에 가면, 진학지도 담당 선생님이 따로 있다. 그 학교 선생님들 중에 대학을 가장 잘 보내는 선생님이 이 직책을 맡아 학생들을 지도한다. 진학지도를 담당하는 선생님의 눈은 날카롭다. 그들은 학생 개개인이 어떤 과목이 부족한지부터 어떤 과목이 우수한지까지 세밀하게 분석하여 지도하고 있다. 그리고 매일 매일 학생들에게 "좋은 대학에 가라, 거기만 가면 네 인생은 바뀐다"를 외치며 훈계한다.

그러나 학교 내에는 이처럼 열을 올려 학생들의 체력증진을 주장하는 선생님은 없다. 오히려 학생들에게 필수적으로 정해진 체육수업마저도 주요과목을 가르치는 시간으로 변경하려는 노력이 보인다. 학생들도 그에 보조를 맞춰 체육시간에 무리한 운동을 자제하여 다음 수업을 준비하는 것도 눈에 띄는 것이 현실이다. 이러한 사항을 말리 교육자는 거의 없다. 선생님의 능력은 학생들을 얼마나 명문대에 보냈는가에 따라 판가름나기 때문이다.

우리는 단기적인 성과를 좋아한다. 선생님들의 평가도 짧은 시간에 그들이 보여준 결과물에 따라 결정되는 것이다. 그러한 단기 성과물은 명문대 진학이 될 수밖에 없다. 우선은 좋은 대학에 들어간 학생의 수는 명확한 증거물인 것이다. 그렇다면, 일류대학에 학생들을 많이 보낸 선생님이 과연 진정한 교육자로서 성공한 것인가 의문이 생긴다. 학생들이 대학 입시에서 성공한다면, 분명 원하는 자신들의 목표에 근접해 가는 것으로 볼 수 있다. 그러나 최종적인 목표에 도달한 것은 아니기에 섣부른 판단은 하지 말아야 한다.

자신이 원하는 대학에 진학하는 것은 최종목표가 아닌 최초의 목표에 불과하다. 그 이후의 과정은 너무 많이 남아 있다. 사람들은 인생을 100m 달리기가 아닌 마라톤으로 비유한다. 무엇을 말하는 것인가? 인생의 성공은 100m처럼 전력질주에 의해 결정되는 것이 아니라 마라토너처럼 42.195km를 달려 최종목적지에 도달하는 것이다. 교육자들의 생각도 변해야 한다. 학생들이 단기적으로 성적을 잘 내는 것이 중요한 것이 아니다. 그들에게 장기레이스를 뛸 수 있는 능력을 길러 주어야 한다.

먼저, 교육자들은 주입식 교육을 위한 빡빡한 커리큘럼을 탈피하여 청소년들의 체험학습 시간을 늘려야 한다. 공부도 중요하지만 수업 중간중간에 편성된 과목과 연계된 야외 체험학습은 자연스럽게 학생들의 체력향상에 도움이 된다. 차를 타지 않고, 지역의 유명한 사적지를 돌아다니는 것은 학생들의 운동능력을 향상시켜줄 뿐만 아니라 올바른 역사의식을 교육시킬 수 있는 좋은 방안이다. 그리고 자연과 인생에 대하여 책으로만 가르칠 것이 아니라 직접 산과 들을 뛰어다니고, 농작물을 재배하는 등의 활동이 그들에게 땀이 주는 결실을 알려 줄 수 있다. 교육자들은 학생들을 좁은 사각형의 교실을 벗어나 푸른 하늘 밑에서 드넓은 곳을 뛰놀고 그곳에서 건강한 신체를 기를 수 있도록 해야 할 것이다.

아프리카에 서식하는 치타는 지구상에서 가장 빠른 포유류이다. 그러나 그들은 빨랐지만 그만큼 빨리 지쳐버린다. 인생도 그와 같이 돼서는 안 된다. 이솝우화 '토끼와 거북이'를 떠올려 보자. 토끼는 엄청 빨랐지만, 거북이보다 늦게 결승점에 도착하고 말았다. 우리 사회는 약삭빠르고 거만한 토끼와 같은 청소년들을 필요로 하지 않는다. 비록 느리지만 끝까지 포기하지 않고 목표를 향해 전진하는 거북이와 같은 우직함이 필요하다. 우리나라 교육자들은 청소년들에게 단기적인 성과만을 바라며 공부만 강조해서는 안 된다. 그들이 인생이라는 장기적인 레이스에서 성공할 수 있는 강인한 체력을 길러주어야 한다. 청소년들을 우리의 '현재'가 아닌 '미래'라고 부르는 이유가 여기에 있지 않을까 생각한다.

3) 정책결정자의 역할

도심의 학교를 가보자. 과연 무엇이 있나? 과거 우리들이 뛰어놀던 운동장은 찾아볼 수도 없고, 높고 잘 지어진 교실만 있는 건물만이 보일 것이다. 정책 결정자들은 도심의 비싼 땅값에 어쩔 수 없었다고 할 것이다. 그러나 그것은 주객을 전도시켜 교실만을 중요시한 대답일 것이다. 운동장이 없는 학교는 상상조차 할 수 없는 것이다. 공부만 강요하는 사회의 분위기를 부추기는 것인지 학교에 변변한 운동장마저 만들지 않는 경우가 생겨나고 있는 것이다. 친구들과 운동장을 뛰어다니며 성장하는 청소년들을 더 어렵게 만들고 있는 우리의 현실이다.

그러나 미국은 학교를 지을 때, 가장 먼저 운동장 부지부터 선정한다. 그리고 운동장을 중심으로 건물들의 위치를 정하고, 공사를 시작한다. 우리와는 사뭇 다른 모습이다. 미국의 정책 결정자들은 공부의 기본은 체력으로부터 시작된다고 생각하기 때문이다.

미국은 개척정신을 기본으로 탄생하였다. 처음 종교의 자유를 위해 정착한 서유럽 사람들이 북아메리카 대륙의 동부에 정착하였다. 그리고 그들처럼 신대륙이라는 기회의 땅을 찾아오는 사람들이 계속해서 늘어났다. 그들은 늘어난 인구로 동부의 한정적인 영토에 머무를 수 없었다. 광활한 서부로의 진출을 시작한 것이다. 바로 이것이 프런티어 정신, 개척정신의 시작이다.

초기 미국인들의 개척시기에 서부로 진출하는 과정에서 재미있는 것을 발견할 수 있다. 그것은 바로 모릴 토지허여법(Morill Land-Grant Colleges Act)이다. 줄여서 모릴법이라고도 부른다. 미국 정치가 J. S. 모릴 하원의원이 1857년에 최초 제안했으나 1862년에 제정된 법으로 공학이나 농학에 관계된 주립대학을 설립하려는 주에 대하여 상하의원 1명에 대해 3만 에이커(1에이커는 약 4,047m^2)의 국유지를 무상으로 줄 것을 규정하였다. 이에 따라 미국 내에 있는 많은 수의 주립대학 창설이 쉽게 이루어질

버지니아대학교의 스콧 스타디움
(www.virginia.edu/uvatours/groundstour)

수 있었던 것이다. 그 수는 무려 미국 전역에 69개교에 달했고, 미국 대학교육의 발달과 서부의 발전에 크게 기여하였다.

여기서 대학에는 넓은 땅이 필요하다는 미국인들의 지혜가 나타나고 있다. 그들은 대학생들이 공부하기 위해서는 건물과 연구실, 교실, 기재도 중요하지만 그들이 활동할 넓은 공간이 필요하다는 것을 알고 있었던 것이다. 주립대학을 세울 수 있는 넓은 부지에 그들이 제일 먼저 한 일은 운동장의 위치를 정하는 것이었다. 그리고 이후에 건물들을 지어나갔다. 대학생들은 운동장에서 다양한 운동을 즐길 수 있었다. 미국 대학에서 미식축구가 활성화되었던 것도 이러한 연유에서 가능했을 것이다. 넓은 운동장을 돌아다니며, 자신들의 전통인 프런티어의 개척정신을 바탕으로 한 미국인들만의 축구를 즐겼던 것이다. 그리고 이러한 그들의 경험이 드넓은 세계로 뻗어나갈 수 있는 창의적인 생각과도 맞았을 것이다.

우리의 정책 결정자들도 변해야 한다. 땅값이 비싸고 도심에 땅이 없어서 운동장 없는 학교를 지을 수밖에 없다는 변명은 빨리 버려야 한다. 도시가 세워지기 전에 넓은 땅을 학교의 부지로 선택한 미국인들의 행동을 본받아야 한다. 지금 어디선가 새로운 무언가를 계획하고 있는 정책 결정자가 있다면, 먼저 우리의 미래를 짊어지고 갈 청소년들을 위한 운동장부터 고려해라.

CHAPTER 03

인성
Character

• 에이브러햄 링컨(Abraham Lincoln, 1809~1865)

그는 1809년 3월 4일 미국 켄터키주의 방이 한 칸뿐인 통나무집에서 태어났다. 가난한 집안형편으로 인해 초등학교도 제대로 마치지 못했지만 끊임없는 독서를 통해 스스로 공부했다. 링컨은 책을 너무 좋아하여 밤새도록 걸어서 책을 빌려 오기도 했다. 우체국장, 변호사, 뱃사공, 가게점원, 토지측량기사 등 여러 가지 직업을 가지며 고생했고, 선거에서 여러 번 낙선당하는 아픔을 겪었으나 마침내 미국 16대 대통령에 당선되었다. 남북 전쟁기간 중 링컨은 공화당 내의 모든 정파로부터 비판을 받았고, 남부 연합군은 초기 파상적인 공세로 워싱턴의 턱밑까지 진격해왔다. 그러나 링컨은 확고한 신념에 의한 연설로 북부의 단결을 이끌어 냄으로써 마침내 남북전쟁에서 승리를 얻고, 연방을 재건할 수 있었다. 전쟁도 노예제도라는 반인간적인 악습을 폐지하기 위한 그의 신념을 꺾을 수 없었던 것이다. 링컨은 전후 남부에 대한 관대한 정책을 통해 국가적 화해를 이끌어 냈으며 링컨의 뛰어난 리더십으로 남북은 전쟁의 상처를 씻고 통합의 길로 나가게 되었다.

비록 1865년 4월 15일 무모한 남부 지지자였던 부스에 의해 암살당했지만 링컨은 미국인의 가슴 속에 가장 위대한 대통령으로 살아 있다. 그를 가장 경멸했던 정적조차 "일리노이의 이류변호사가 역사상 가장 위대한 일을 했다"고 말할 수밖에 없었다.

링컨의 삶을 조명해 보았을 때 그에게는 물질적으로 가진 것이 거의 없었다. 하지만 링컨은 뛰어난 인성으로 위대한 삶을 살았다. 링컨에게는 국가를 향한 진정한 충성심, 정의를 위해 전쟁을 수행하는 용기, 자신의 직무를 끝까지 수행하는 책임, 노예조차 사랑하는 인간존중, 끝까지 가치를 지키는 명예가 있었기 때문이다.

• 연산군(1476~1506)[1]

연산군의 묘

연산군은 1476년 성종과 폐비 윤씨의 맏아들로 태어나 부왕인 성종의 총애를 받고 자랐다. 성종은 연산군을 대군이 아니라 바로 원자로 책봉했고, 생후 1년 만에 세자로 책봉할 만큼 사랑했다. 어렸을 때부터 학문에 조예가 깊었고, 즉위 초기에는 비융사(備戎司)를 설치하여 병기를 제작하고 변방에 백성을 이주시키는 등 국방력을 강화하였다. 또한 빈민을 구제하고 국조보감(國調寶鑑) 등 여러 서적을 완성하는 등 국가발전을 이끌었다. 그러나 어머니인 폐비 윤씨의 복권을 시도하다 탄핵을 주도한 사림파 중신들의 완강한 저항에 부딪치자 이들에 대한 복수심에 그의 인격은 망가졌다. 그는 무오사화, 갑자사화 등을 통해 신하들을 처형하고, 이미 죽은 신하들은 시체를 꺼내어 목을 베는 소위 부관참시(剖棺斬屍)를 단행하는 등 잔인하게 복수했다. 또한 연산군은 방탕한 연회를 위해 전국에서 처녀와 말을 징발하고, 연회장 건립을 위해 백성의 재산과 노동력을 착취했다. 더욱이 연산군은 근친상간, 신하의 처첩을 범하는 등 음행망동으로 인해 결국 패주로 규정되었고, 중종반정에 의해 폐위되어 강화도에서 비참한 최후를 맞았다. 그는 분명 조선왕조의 성군으로 추앙받는 세종이나 정조대왕에 버금가는 능력을 갖추고 있었으나, 잘못된 인성으로 인해 실패한 삶으로 마감하게 된 것이다.

[1] 연합뉴스, 『한국인물사』, 서울: 연합뉴스, 2011.

1 인성이란 무엇인가?

한 고등학생이 학교 적성검사에서 장래희망란에 '사람'이라고 적었다. 그날 오후 선생님이 그를 불러 야단을 쳤다. "야! 너 나랑 장난하니? 장래희망을 쓰라니까 사람이라고 적어?" 학생은 상황파악이 안 된 채로 눈치 없이 대꾸했다. "진짜인데요?" 그 순간 선생님은 숨을 거칠게 몰아쉬면서 학생을 혼내기 시작했다. 신나게 두들겨 맞은 후 그 학생은 돌아서면서 중얼거렸다. "내 진짜 장래희망은 사람인데!"[2]

위의 예에서 인성의 정의를 막연하나마 알 수 있다. 인성은 곧 사람됨인 것이다. 진짜 사람은 자기 자신의 능력과 한계를 바라보고 받아들일 줄 알며 자신의 처지를 감사함으로, 또한 빈궁한 처지의 사람을 동정하고 품에 안을 줄 아는 사람이다. 위의 예에서 보이는 고등학생은 그러한 사람됨을 목표로 하여 내면의 성장을 갈고 닦아 노력하는 학생이며, 그를 지도하는 선생님의 모습은 오히려 인성의 개념을 간과한 우리 교육의 현실이라 할 수 있다.

그렇다면 인성(人性)은 무엇인가? 인성은 사람의 성격(personality)이나 성품(character)으로 정의할 수 있다.[3] 하지만 이 정의 자체도 논란의 소지가 많다. 왜냐하면 인성은 각 나라의 역사, 문화,

[2] 이한규, 『상처는 인생의 보물지도』, 서울: 미션퍼블릭, 2006, p. 251.(참조 재인용)
[3] 미국 심리학계에서는 1920년대부터 'personality'와 'character'를 함께 사용해왔지만, 현재는 기질·성격을 나타낼 때는 'personality'로, 도덕적·윤리적 측면에서 품성을 나타낼 때는 'character'로 사용하고 있다.

그리고 전통을 반영하는 상대적인 개념이고, 인간은 개인으로서 다 특별한 상황 속에서의 개성, 존엄성 및 다양성을 지니고 있기 때문이다. 그래서 "A는 B이다." 식의 정의는 무의미하다. 즉 인성을 구체화하거나 가시화하기에는 한계가 있다는 의미이다. 이로 인해 각 나라에서는 인성을 정의하기보다는 인성을 갖추기 위한 방법에 관심을 가지게 되었고, 결국 사람이 사람과의 관계에서 지켜야만 하는 '도덕적 의무'라는 행동규범이 출현하게 되었다.[4] 고대 그리스 도시국가에서 정치적 결정에 따르지 않으면 시민권을 박탈하기 위해 제정한 '도편추방제(ostracism)'나 유럽에서 사회 지도층의 책임과 의무를 다하지 않으면 더 이상 귀족의 지위를 유지할 수 없게 한 '노블리스 오블리제(noblesse oblige)'가 바로 여기에 속한다.[5]

투표지로 사용됐던 도편

동서양의 여러 고전에서도 사람이 지켜야 할 도덕적 의무를 강

4 세계적인 종교 지도자인 김장환 목사는 "사람이면 사람이냐? 사람다워야 사람이지!"를 항상 강조하면서, 지금 이 세상에 절실히 필요한 것은 '사람이 지켜야 할 도리'를 지키는 것이라고 역설하였다.(2011. 3. 21 – 육군3사관학교 안보교육 시)

5 이 부분에 대한 정확한 이해를 위해서는 Alfred de Grazia 박사가 집필한 *Political behavior*의 3장 「Leaders and Folloers」를 참조할 필요가 있음.(Alfred de Grazia, *Political behavior. Series: Elements of political science; 1. New, revised edition*, New York: Free press paperback, 1966)

평생 동안 인간의 도리를 가르친 공자

조하고 있다. 특히 공자는 『논어(論語)』 학이(學而) 편에서 "무릇 배우는 자는 먼저 집안에서 효도하고 사회에서는 윗사람을 공경하며, 언행을 삼가서 신중하고, 넓게 여러 사람을 사랑하되, 특히 어진 이를 가까이하고도 힘이 있거든 힘쓰라"고 인간의 도리를 강조하면서 평생 동안 제자들에게 이것을 힘써 지키라고 가르쳤다.

또한 『성경(The Bible)』에서는 "네 부모를 공경하라. 살인하지 말라. 간음하지 말라. 도둑질하지 말라. 네 이웃에 대하여 거짓 증거하지 말라. 네 이웃의 집을 탐내지 말라"[6]고 인간의 도덕적 의무를 강조하면서 이것들을 사람들이 반드시 지켜야 할 십계명에 포함하였다. 그리고 두 책에서는 사람들에게 평생 동안 도덕적 의무를 다하기 위한 마음자세를 삶의 지표로 삼고, 위의 기준에 의거 행동하라고 강조하고 있다. 여기서 마음자세는 도덕성을 의미하고, 행동의 기준은 가치관이라고 할 수 있다.[7] 따라서 인성, 도덕성, 그리고 가치관은 연계성이 강한 개념으로 볼 수 있는 것이다. 그러나 가치관은 인성과 도덕성보다는 다소 객관적이기 때문에 가시화시킬 수 있다.

[6] 출애굽기 20장 12~17절.
[7] McClleland, D. A.(1995). *Character and fate*. Thousand Oaks, CA: Guildford.

대표적인 예로 기독교 문화권에서는 인간이 반드시 지켜야 할 덕목인 십계명이 있고, 유교 문화권에서는 오랜 시간 동안 유교윤리의 최고 덕목인 오상(五常: 仁禮信義智)이 있다. 우리나라에의 경우에는 조선시대 선비의 삶의 기준이 되어 왔던 신언서판(身言書判)이 있다.[8]

십계명을 들고 있는 모세

• 인성 ≒ 도덕성 ≒ 가치관
※ 도덕성 = 도덕적으로 행동하려는 마음가짐
※ 가치관 = 도덕성의 판단 기준

[8] 현용수(2005). 『유대인의 인성교육 노하우』. L.A, CA: 쉐마교육원.
身: 몸가짐을 바르게 하여 건강한 신체를 유지하고, 言: 언어생활에서 신중하고, 조리 있고 명료하게 말하는 말씨이며, 書: 글씨체가 바르고 논리 있는 문장능력을 가지고, 判: 사물의 이치를 명석하게 파악하는 사고능력을 갖춘다.

2 인성교육의 필요성

우리나라는 높은 교육열로 인해 청소년들의 학력은 거의 세계적인 수준에 이르렀다. 그러나 우리나라 청소년들의 인성은 학력에 미치지 못하고 있다. 이는 청소년들이 교사와 부모를 폭행하는 패륜범죄가 날로 증가하고 있는 우리의 현실에서 잘 나타난다.

우리 사회에 왜 이런 현상이 발생하고 있는 것일까? 우리 모두가 '성공'에만 집착했기 때문이 아닐까? 사람이 무엇인가에 집착할수록 경쟁의식이 높아지고 가시적인 효과를 갈망하게 된다. 우리의 교육도 무한경쟁에서 생존하기 위한 '성공'에만 집착했기 때문에 지식 위주의 교육에만 집중한 것이다. 여기에 정부, 교육자, 부모, 그리고 학생들이 편승했기 때문에 개인의 비윤리적인 행동이 증가하고, 이들이 성장하여 몸담게 될 조직에 도덕적 해이(moral hazard) 현상이 만연하게 된 것이다. 결국 우리는 학생들의 지식을 증가시키는 목표는 달성했지만 그들을 온전한 사람으로 기르는 데 실패한 것이다. 따라서 우리 사회는 어느 때보다도 인성교육이 절실히 필요하다고 할 수 있다. 우리 자녀들의 진정한 성공을 원한다면 말이다.

요즘 유명 인사들의 비윤리적 행동이 증가하고 있다. 이들 대부분은 각 분야의 엘리트에 속하고 국민들로부터 사랑과 존경을 받는 사람들이었다. 하지만 패륜범죄, 아동 성폭행, 연구윤리 위반 등으로 그들이 지금까지 쌓아왔던 업적은 한순간에 무너져버

렸다. 이런 측면에서 윌리엄 제임스(William James) 박사는 바람직한 인성의 함양은 성공적인 삶을 살아가는 첩경이라고 강조했다.[9] 또한 다니엘 고울먼(Daniel Goleman) 박사는 'Emotional Intelligence'라는 서적에서 지능지수(IQ)보다 감성지수(EQ: Emotional Quotient)가 높은 학생이 장래 성공 가능성이 높다는 연구결과를 발표하면서 인성의 중요성을 재차 강조했다.[10] 그리고 하버드대학교의 심리학자 살로비(Salovey)와 뉴햄프셔대학의 메이어(Mayer)는 설령 높은 지능지수를 보이고 우수한 학교를 졸업했다 할지라도 사회적 성공에는 20%만 기여할 뿐, 나머지 80%는 개개인의 인성적인 측면이 영향을 미친다는 우리의 상식을 뒤집는 연구결과를 발표했다.[11] 따라서 우리가 진정한 성공을 위한다면 지식도 중요하지만 인성교육에 집중해야 할 것이다.

- 성공 : 지능지수(IQ) 〈 감성지수(EQ)
- 성공 = 지식(20%) + 인성(80%)

위에서 인성의 중요성을 강조한 여러 학자들은 건전한 인성을 가진 사람의 능력을 다음과 같이 정리하였다.

① 자신의 감정 상태를 정확히 인식하여 그 상태를 있는 그대

9 James, A. W.(1970). *Human personality*. MA: Geico.
10 Goleman, D.(1995). *Emotional Intelligence*. Bantam Books.
11 Mayer, J. D., & Salovey, D. M.(1990). "Perceiving affective content in ambiguous visual stimuli: A component of emotional intelligence", Journal of Personality Assessment, 54(3), pp. 772-782.

로 받아들여 심신의 건강을 유지한다.

② 자신의 감정을 적절하게 관리함으로써 유발되기 쉬운 공격적 행동이나 회피적인 행동을 보다 적응적인 행동으로 대체할 수 있다. 이는 감성지능(인성)과 관련된 사항이다.

③ 자신이 설정한 목표를 달성하기 위해 자신의 감정을 적절히 조절하고 통제하는 경우 주의집중이 높아지고, 동기수준이 고양된다. 그 결과 청소년 개개인으로 하여금 자신이 하고 있는 일에 초점을 맞추게 함으로써 자기몰입(self-involvement) 상태에서 그 일에 도취되고 완성도를 높이게 되어 성취감과 행복감을 느끼게 한다.

• 아이작 뉴턴(Isaac Newton : 1643~1727)

그는 고전물리학을 완성하고 과학사에 있어 아인슈타인보다 더 큰 영향을 준 물리학자, 수학자, 자연철학자이다. 그를 위대한 학자로 만든 원천은 놀라운 집중력이었다. 그러한 집중력은 뉴턴에 대한 재미있는 일화를 만들기도 했다. 뉴턴은 달걀을 삶는다면서 끓는 물에 시계를 집어넣는가 하면, 난롯불에 화상을 입어가면서도 그런 줄도 모르고 연구에 몰입하기도 했다. 한번은 난로에 데인 곳을 어루만지면서 하인에게 "제발 저 난로를 좀 옮겨주게"라고 부탁했다. 뉴턴의 어처구니없는 부탁에 하인은 "주인님, 난로를 옮기는 것보다 주인님이 난로에서 조금 떨어져 앉는 것이 어떨까요?"라고 대답했다. 그러자, "음… 그렇군." 하면서 조용히 물러나 앉았다고 한다. 그는 자신의 결혼식 날도 깜빡 잊어버린 채 연구실에 남아 연구에 몰두하는가 하면, 20년간 준비해 온 자료를 개가 물어가는 것도 모른 채 연구에만 몰입하기도 했다. 이렇게 상식적인 일도 제대로 못할 때가 많았다. 하지만 뉴턴의 놀라운 집중력, 연구를 향한 자기몰입은 그를 대학자로 만들었다.

④ 공감적 이해(empathic understanding) 능력을 지닌 사람은 상대방이 무엇을 원하고, 무엇을 필요로 하는지를 비교적 쉽고 정확하게 인식하는 경향이 있다. 청소년들로 하여금 공감적 이해 능력을 신장시키기 위해서는 무엇보다도 상대방의 말을 적극적으로 경청하도록 하고, 그의 감정에 귀 기울이도록 하며, 느끼고 이해한 부분에 대해 적극적으로 표현하도록 하는 대화의 기술을 가르치고 연습해야 한다.

칭기즈칸의 훈요 30조 중에 공감적 이해의 진정한 의미를 알게 해주는 조항이 있다. "예순베이는 훌륭한 용사다. 아무리 오래 싸워도 지칠 줄 모른다. 그래서 그는 모든 병사들이 자기와 같을 줄 알고 성을 낸다. 그런 사람은 지휘자가 될 수 없다. 군사를 통솔하려면 병사들의 갈증과 허기와 피곤함을 같이 느낄 줄 알아야 한다." 이 예는 아무리 지와 기술적인 면이 뛰어나도 상대방의 마음을 이해할 수 없다면 진정한 리더가 될 수 없다는 것을 보여준다.[12]

⑤ 대인관계의 기술은 어떤 의미에서는 다른 사람의 감정을 관리하는 기술이라고 할 수 있다. 여기에는 인기, 지도력, 사고와 행동의 효율성 등과 같은 능력이 포함된다. 이런 기술을 습득한 청소년들은 다른 또래들과의 관계가 원만하여 소위 말해서 '인기 있는 청소년'으로 인정받게 된다. 그러므로

[12] 칭기즈칸의 훈요 30조 중 17조항.

청소년들의 정서 교육에서 대인관계 기술을 가르치는 것의 중요성은 아무리 강조해도 지나침이 없다고 하겠다.

> 어느 초등학생이 병원에서 검사를 받았더니 뇌종양이라는 진단이 나왔다. 다행히 항암 치료의 경과가 좋아 퇴원을 했으나 머리는 다 빠진 상태였다. 등교하는 날이 다가오자 그 학생의 마음에는 "학교 친구들이 내 머리를 보면 날 놀리겠지?"라는 두려움이 있었다. 드디어 몇 달 만에 학교에 다시 가는 날 엄마는 휠체어에 아이를 태우고 교실까지 갔다. 문을 여는 순간 아이와 엄마는 동시에 놀랐다. 교실 안에 있는 학생 모두가 머리를 빡빡 깎은 것이다. 선생님까지도 빛나는 머리로 하고 있었다. 그리고 선생님과 아이들은 동시에 "반갑다. 친구야!"라고 그 학생을 열렬히 환영해 주었다. 그러자 그 학생은 가발을 벗어 던지고 휠체어에서 가뿐하게 일어나 친구들과 함께 큰소리로 웃었다.[13]

이처럼 올바른 인성을 갖춘 사람은 공존지수(NQ: Network Quotient)가 높아 성공에 이르기가 쉽다. 따라서 우리는 지식 위주의 교육도 중요하지만 인성교육에도 많은 관심과 투자를 해야 할 것이다. 다음 장에서는 이런 인성을 함양하기 위한 인성의 가시화 방안에 대해서 고민해보고자 한다.

[13] 바이밍량 저, 신영 역, 『깨달음은 순간에 이루어진다』, 서울: 푸르름, 2003.

3 인성의 가시화

앞에서 '인성 ≒ 도덕성 ≒ 가치관'이라는 결론을 얻었다. 그리고 인성을 가시화한다는 것은 각 개인이 바람직한 가치관을 어느 정도나 신념화(信念化)했는지를 가시화하는 것이라고 정의할 수 있다. 물론 이 정의는 개인에게 특정 가치관이 신념화되었다면 그 가치관은 개인의 행동에 어느 정도 영향을 미칠 것이라는 가정하에서이다. 본 장에서 우리는 인성을 가시화할 수 있는 가치관을 정립하고자 한다.

1) 역사공동체의 가치관

역사란 과거에 대한 공동체 구성원들의 공유된 인식이다. 이러한 인식의 근원에는 각 국가와 민족이 가진 고유한 중심가치, 중심사상이 깔려 있다. 예를 들어, 중국은 고유한 중화사상(中華思想)을 중심으로 하여 동북아의 패권국가로 영향력을 발휘해왔고 그들의 역사인식은 철저하게 중화사상에 근거하고 있다. 중국이 소위 동북공정(東北工程)을 집요하게 추진함으로써 한국사를 중국의 변방사로 편입하려고 시도하는 것도 이들이 중화사상에 입각한 역사인식을 가지고 있기 때문이다. 일본은 '국화와 칼'로 대비되는 독특한 사무라이정신으로 열도국가의 한계를 극복하기 위해 대륙 진출을 시도해왔다. 미국은 개척정신(Frontier Spirit)을 바탕으로 하여 신생국가로서 짧은 역사를 가졌음에도 불구하고 세계 초일류 강대국으로 전 세계에 정치 · 군사적 주도권을 행사하고 있다. 그렇다면 우리 민족을 지금까지 이끌어 온 중심사상은 무엇인가?

한민족은 반만년 고유한 문화와 전통을 유지해온 역사공동체이다. 우리나라는 지정학적인 위치로 인하여 중국, 북방이민족, 일본 등 외세의 침략을 자주 겪었고, 특히 중국은 특유의 중화사상으로 자주 우리 민족을 문화적으로 복속시키려는 시도를 해왔다. 그럼에도 불구하고 한민족은 고유한 우리 말과 글을 핵심으로 하는 문화적 독자성(uniqueness)과 정치적 독립성(independence)을 유지해왔으며, 이에 대한 간섭과 침략에 대해서는 지도부와 백성이 일치단결하여 항쟁해왔다. 이러한 과정을 통해서 우리 민족은 '하나로서 우리'라는 정치 · 문화적 정체(identity)를 수호해왔다. 필자는 이를 '한우리정신'이라고 명하며 영어로 uniqueness와 independence를 합하여 'Spirit of Unipendence'라 칭한다.

'한우리정신'은 우리의 것을 결연히 수호하면서도 결코 배타적이거나 국수주의적이지 않은 우리의 고유한 민족정신을 의미한다. 예컨대, 우리는 중국의 한자와 유교사상을 수용하여 문화를 풍성하게 하면서도 한민족의 말을 지켰을 뿐만 아니라 과학적인 한글을 창제하여 발전시켰다. '한우리정신'이야말로 우리 민족의 중심사상으로서 외세의 침략, 지도부의 부패 등 부정의(不正義)한 상태에 처했을 때 우리 민족을 단결시켜 부정의에 항쟁하고, 정의(正義)를 회복했다. 당나라의 침략에 대해서는 과거 서로 경쟁했던 삼국이 단합하여 당군을 매초성전투에서 패퇴시켰고, 패권국가인 몽고의 침략에도 불구하고 끝내 국권을 회복했다. 임진왜란,

병자호란, 36년간의 일본 지배, 6 · 25남침 등 수많은 전란에도 불구하고 '한우리정신'이 있었기에 끝까지 독립을 쟁취하고 전후 폐허 속에서 눈부신 경제성장과 민주화를 일구어 선진국의 반열에 들어설 수 있었다.

세계 주요 국가의 중심사상의 형성을 고찰해볼 때 가치관으로서 인성은 역사공동체로서의 속성이 있다고 본다. 즉, 역사를 통해 형성해 온 각 민족과 국가의 중심사상을 기초로 하여 핵심적인 가치가 발현되는 것이다.

그렇다면 '한우리정신'을 바탕으로 하여 형성된 가치는 무엇인가? 저자는 육군이 지향하는 6대 가치가 바로 그것이라고 본다. 사실 군이 추구하는 가치야말로 그 무엇보다 숭고하고 우월하다. 왜냐하면 군인은 자신의 생명을 희생하면서까지 국토를 방위하고 국민의 생명과 재산을 수호하는 성스러운 임무를 수행하기 때문이다. 이에 육군은 우리 민족의 중심사상에 대한 깊이 있는 연구를 통해 이를 현실적으로 구현할 수 있는 6대 가치를 정립한 것이다.

자랑스런 국군의 사진(아데만 여명작전)[14]

[14] 국방정책실 정신전력과 KFN 명강특강 자료 "아덴만 여명작전 성과와 교육". (2011년 5주차, 前 해군작전사령관 안기석 제독)

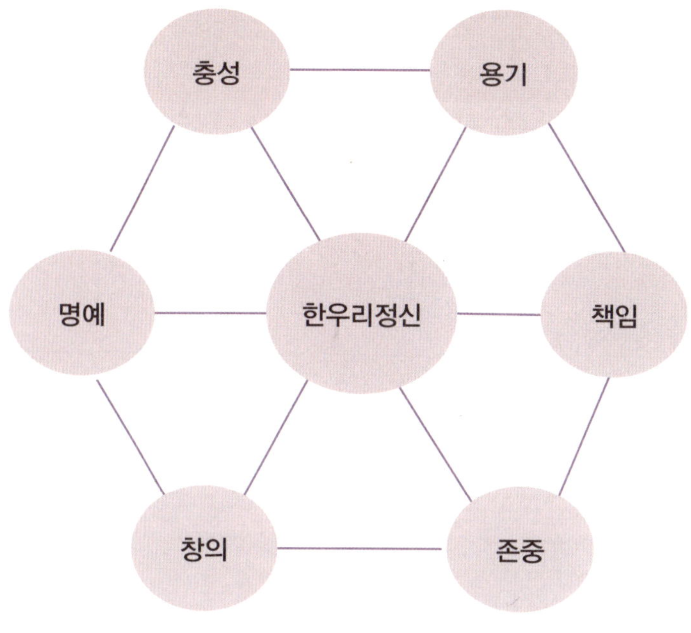

한국인의 인성모델

이러한 6대 가치관은 육군의 차원을 뛰어넘어 대한민국의 국민으로서 갖추어야 할 가치관이며, 앞에서 말한 바와 같이 역사공동체로서, 대한민국 국민으로서 건전한 인성을 갖춘 사람이라면 지향해야 할 요소이다. 그러므로 이하에서는 6대 가치관을 인성의 구성요소로 제시하고자 한다.

육군의 가치관을 대한민국 국민으로 확대하여 일반화할 수 있는 이유는 군은 자신의 목숨을 희생하여 국토를 방위하고, 국민의 생명과 재산을 수호하기 때문이다. 또한 군은 이를 위해 전시에는 군사력을 통해 적을 격퇴하고, 평시에는 군사력 건설을 위해 부단한 교육훈련을 실시하는 한편, 국민의 군대로서 재해 · 재난

시 최일선에서, 가장 위험한 장소에서 방재임무를 수행하기 때문이다. 이는 앞에서 설명한 자아인식에서부터 사회의 요구에 적합한 바람직한 인성을 소유한 인간상으로 발전할 때 필요한 인성교육의 목표와 그 맥을 같이한다. 따라서 군이 지향하는 가치관으로 인성교육의 방향과 대안을 제안하고자 한다.

2) 인성의 구성요소

인성을 진단하기 위해 제시하는 가치관은 다음과 같다.

- 충성(loyalty)
- 존중(respect)
- 창의(creativity)
- 용기(courage)
- 책임(responsibility)
- 명예(honor)

(1) 충성(忠誠)

충성이란 거짓 없이 참된 마음에서 스스로 우러나오는 정성을 말하며, 가치가 있는 것에 대해 자신의 온 정성을 쏟고 헌신하는 마음과 행동의 자세를 의미한다. 충성은 공동체를 향한 최고의 도덕적 가치로서 공동체를 위해 희생하고 봉사하는 자세이며, 특히 군에게는 본질적인 임무인 헌법을 수호하고 국토를 방위하며, 국민의 생명과 재산을 보호하기 위해 필요한 가치이다.

그리스 철학자 아리스토텔레스는 시민으로서 폴리스(polis)의 방위를 위하여 충성함으로써 자신의 안전과 행복을 보장받고 공동체의 번영도 함께 달성할 수 있다고 제시한다. 이를 통해서 볼 때 서양의 충성개념에는 거래 혹은 계약으로서의 의미가 포함되어 있다.

• 이순신(1545~1598)

이순신은 조선 한성부 건천동에서 이정과 변 씨의 셋째 아들로 태어나 당시로서는 늦은 나이인 32세에 무과에 급제했다. 그 뒤 국경지역인 함경도에서 여진족을 경계하는 임무를 맡았다. 1587년 당시 조산만호이던 이순신은 북방 여진족의 침략을 막고자 추가병력을 요청했으나 거절당했고, 결국 그 해 가을 여진족이 침입하여 양민을 학살하고 재산을 노략했다. 이순신은 소수의 병력으로 용전했으나, 패배의 책임을 지고 백의종군하게 되었다. 그러나 전쟁에 대비하여 적재적소에 인재를 배치하는 것을 중요하게 생각한 서애 유성룡의 천거에 힘입어 전라 좌수사에 임명되었다. 전쟁은 일어나지 않는다라는 판단이 조정의 대세였을 때 좌수사의 자리에서 군량미 비축, 병사훈련, 무기수리, 함선 건조 등 전쟁 준비에 박차를 가했다.

이순신은 옥포, 사천, 한산도, 부산 등에서 왜군을 차례로 격파하여 승전을 이어갔다. 이어 초기 전세가 교착상태에 빠지고 강화회담에 별다른 성과가 없자 조정에서는 이순신에게 왜군에 대한 공격을 강요하였다. 그러나 이순신은 왜군의 유인작전에 걸려들 것을 우려하여 견내량 전선을 유지하고 전투력을 보강했다. 이에 조정에서는 1597년 이순신을 삼도수군통제사직에서 해임하고 도원수 권율 휘하에서 백의종군하도록 했다.

새로 삼도수군통제사직을 수행한 원균은 칠천량해전에서 일본군의 기습을 받아 대패하고 조선함대는 거의 전멸했고, 당시 조군수군의 전략적 요충지인 전라도가 함락될 위기에 처하게 되었다. 이에 조정에서는 이순신을 삼도수군통제사에 복직시켰으나, 군사 120명 전선 12척에 불과한 전력으로는 해안방어가 불가능하다고 판단하고 수군을 육군에 통합하려 했다. 이에 이순신은 "신에게는 아직 전선 12척이 남아 있습니다. 신이 있는 한 적은 감히 우리 수군을 허술하게 보지 못할 것입니다"라는 비장한 장계를 올리고 전열을 재정비했다. 이순신은 명량해협에서 12척의 전선을 이끌고 수백 척의 왜선을 울둘목이라는 지점으로 유인하여 적선 31척을 격파하고, 92척을 대파시키는 놀라운 승리를 거두었다.

이순신은 사사로운 공적에 얽매이지 않고 진정으로 국가와 국민의 안위를 염려하고 전쟁에 대비하여 절체절명의 위기에 빠진 조선을 구한 진정한 충성의 모범이다.

동양의 고전 논어에서는 충성에 대해 다음과 같이 말하고 있다.

忠焉 能勿誨乎
(상대방의 잘못된 점에 대해 바로잡을 마음이 없이 어찌 충성을 할 수 있겠는가!)

즉, 충성이란 단지 상급자 혹은 조직에 대해 맹종하는 것이 아니라 충성의 대상이 진정으로 발전할 수 있도록 노력하는 것이다. 따라서 때로는 상급자나 조직의 잘못된 결정에 대해서는 쓴소리를 할 수도 있고, 정반대의 행동을 할 수도 있다. 그렇게 행동하면 물론 당시에는 상급자나 조직으로부터 인정받지 못할 가능성이 크지만 시간이 지나면 모두가 그 사람의 충심을 인정하게 될 것이다. 그 좋은 예로 이순신 장군의 국가에 대한 충성을 들 수 있다.

(2) 용기(勇氣)

용기란 힘이 용솟음쳐서 원기가 왕성하며 행동이 날래고 사물을 겁내지 않는 기개 혹은 씩씩하고 굳센 기운을 말한다. 용기는 위험 앞에서도 꿋꿋하게 굽히지 않는 기백을 말하고, 포기하거나 그만두고 싶을 때에도 과감히 행해야 할 바를 행하며 위험을 알면서도 그것에 굳건히 맞서는 태도를 의미한다.

소크라테스는 "용기란 대의를 위한 분별 있는 인내력이다"라고 정의했고, 아리스토텔레스는 "용기는 만용이라는 지나침과 비겁이라는 모자람을 지양하는 중용이다"라고 정의했다.[15]

15 조승옥·이택호·박연수·조은영·정은진(2010). 『군대윤리』. 서울: 도서출판 집문당.

공자는 용기를 “의를 보고도 행치 않는 것은 용기가 없는 것이요, 용기가 있어도 정의가 없으면 난을 일으키는 것에 불과하다”고 지적하여 용기에는 기개와 함께 정의가 있어야 함을 강조했다.

동서양 성현의 가르침을 종합해볼 때 불의에 저항하고 정의를 실천하기 위한 자세로서 공포심을 최소화하고 희망이 거의 없는 악조건하에서도 이를 극복하기 위해서는 용기가 필요하다. 세종대왕은 당시 대내외적 압력과 저항을 극복하고 문화국가 건설의 초석을 위해 한글을 창제한 용기를 보여주었다.

• 세종대왕(1397~1450)

세종(世宗)은 조선의 4대 왕으로서 성은 이(李), 자는 원정(元政), 시호는 장헌대왕(莊憲大王)이다. 세종대왕은 재위 기간 동안 국방과 과학, 경제, 문화, 예술 등 국정의 거의 모든 분야에서 찬란한 업적을 남겨 우리나라 국민으로부터 가장 존경받는 위인이다. 한글창제는 세종대왕의 가장 위대한 업적 중 하나이다. 세종대왕은 1420년 인재를 선발하고 문화발전을 이루며 중앙집권체제를 완성하기 위해 집현전을 설치하여 많은 학자들에게 한글을 창제하도록 지원했다. 세종대왕은 1443년에 우리 고유 문자가 없고 민중들이 한자를 익히기 어려워 문맹인구가 너무 많은 현실에 개탄하여 한글의 창제에 착수했고, 3년간의 연구 끝에 1446년 훈민정음을 반포했다.

세종대왕이 훈민정음을 반포하기까지에는 여러 가지 어려움이 따랐다. 먼저 내부적으로는 조정 중신들의 반대에 부딪혔고, 대외적으로는 중국의 압력이 있었다. 중국은 당시 문화적으로 주변 국가를 복속시키고자 했으므로, 세종대왕의 한글창제 시도는 중국에 대한 도전이었다. 따라서 중국은 여러 가지 경로를 통해 한글창제의 의도를 감시하고, 한글의 발명을 방해하려는 압력을 행사했다. 그러나 세종대왕은 이러한 중국의 압력에도 불구하고 문화대국으로서 정체성을 확립하기 위해 고유 문자인 한글창제를 이루어냈다.

(3) 책임(責任)

책임이란 각자가 맡아야 할 책무를 다하는 것이며 때로는 법률상 불법행위를 한 자에게 이에 상응하는 불이익이나 제재를 가하는 것을 의미한다. 책임감을 고취하기 위해서는 자기가 속한 집단과 수행해야 할 일에 대해 주인의식을 먼저 가져야 한다. 책임의 자세는 결국 앞에서 말한 충성, 용기와 이어지는 것이다. 철의 여왕 마거릿 대처(Margaret H. Thatcher) 전 영국총리는 국가 지도자로서 책임을 다하는 모범을 보여주었다.

• 마거릿 대처 수상(1925~)

마거릿 대처 수상은 런던에서 식료품점 둘째 딸로 태어나 옥스퍼드대학 화학과를 졸업하고 독학으로 법률을 공부해서 변호사가 되었다. 34세에 하원의원으로 정치에 입문하여 1970년에 교육장관, 1975년에는 영국 정치사상 최초로 보수당의 여성당수가 되었고, 1979년에는 첫 여성 총리가 되었다. 개혁정치로 국민의 지지를 받아 1990년까지 11년간 총리로 재임했다. 대처가 집권할 당시 영국은 심각한 복지병에 시달리고 있었다. 근로자들은 임금인상을 요구하며 자주 파업을 벌였고, 과도한 복지로 인해 재정악화가 심각한 수준이었다. 이에 대처는 소위 대처리즘(Thatcherism)이라고 불리는 시장경제 원리를 중심으로 한 정치 및 경제개혁을 단행했다. 대처리즘은 재정지출 삭감, 공기업 민영화, 규제 완화와 경쟁 촉진 등으로 축약할 수 있다.

이러한 개혁정치에 대해 노동당을 비롯한 노동조합 지도자들의 거센 저항과 반발이 있었다. 그러나 대처는 자신의 정치적 이익에 좌우되지 않고 영국의 정치, 경제적 강국으로 부흥시키기 위한 책임완수에 전념하였다. 그 결과 영국은 1997년부터 연 3%대의 경제성장률을 기록하는 등 영국경제성장의 신화를 기록했다. 많은 영국인들은 그 공로를 대처에게 돌리고 있다. 마거릿 대처 수상은 사소한 이익에 연연하지 않고 주어진 직책과 책임을 완수하는 모범을 보여주었다.

(4) 존중(尊重)

존중이란 사람의 명예와 인격을 귀하게 여기고 그들의 권리를 소중히 여기는 태도로, 이에는 타인을 존중하는 것뿐만 아니라 자

• 테레사 수녀(1910~1997)

테레사 수녀의 본명은 아그네스 본자 보야지우(Anjezë Gonxhe Bojaxhiu)로 알바니아계의 로마가톨릭 수녀로서 1950년 인도 캘커타에서 사랑의 선교회를 설립했다. 이후 45년간 인도와 다른 국가에서 병자, 고아, 죽어가는 이들을 돌보는 일에 헌신했다. 그녀는 헌신적인 노력을 인정받아 1979년 노벨평화상을 수상했다.

테레사 수녀는 1950년 사랑의 선교회(Missionaries of Charity)를 설립하여 '죽어가는 사람들의 집'(Home for Sick and Dying Destitutes) 또는 '순결한 마음의 장소'(Place of Pure Heart, 벵골어 Nirmal Hriday의 번역)로 불리는, 죽어가는 사람들을 위한 공간을 개설했다. 당시 힌두교도들은 기독교인들이 선교활동을 위해 건물을 이용할 것이라고 의심하여 시위를 벌였으나, 사랑의 선교회 수녀들이 종교에 구애 없이 복지활동을 하는 모습을 보고 그들을 받아들였다.

1955년 9월 23일 '때묻지 않은 어린이들의 집'(시슈 브하반)이란 이름의 어린이 보호시설을 개설하여, 90명의 어린이들이 살 수 있는 공간이 마련되었다. 경찰과 공무원들은 고아와 버려진 어린이들을 보냈으며, 어린이들의 집에서는 이들을 먹이고 병도 고쳐주었다. 어린이들은 교육도 받았으며, 해외로 입양되었다. 1968년에는 한센병 환자 공동체인 '평화의 마을'(Shanti Nagar)을 개설했고, 이런 그녀의 인간애를 인정받아, 1979년 노벨평화상을 수상했다. 그녀는 말했다.

"저는 우리 가난한 사람들을 위해 청빈을 선택합니다. 그러나 배고프고 벌거벗고 집이 없으며 신체에 장애가 있고 눈이 멀고 병에 걸려서, 사회로부터 돌봄을 받지 못하고 거부당하여 사랑받지 못하며 사회에 짐이 되고 모든 이들이 외면하는 사람들의 이름으로 이 상을 기쁘게 받습니다."

기존중도 포함된다. 존중을 통해 타인을 배려하며 나아가 인간의 존엄성을 인정하고 이를 통해 민주시민으로서 법과 질서를 존중할 수 있다. 상 · 하급자 및 동료 간에 서로의 의견과 생각을 존중함으로써 상하 신뢰가 구축되고, 이를 통해 조직이 활성화되며 협력과 단결을 도모하게 되어 조직의 생산성 향상에 기여하게 된다.

존중은 더 나아가 인류에 대한 사랑과 봉사로 연결된다. 나의 정체성과 존립이 중요하듯이 다른 사람, 집단, 민족의 존립이 중요하다는 것을 깨닫게 된다. 테레사 수녀는 약자에 대한 조건 없는 존중과 인간애를 보여주는 모범이 된다.

(5) 창의(創意)

창의란 새로운 생각이나 의견으로서, 생각하고 창조하는 정신을 말한다. 창의는 상황에 따라 새롭고 적절한 대응기법을 찾아내고 수행하는 사고력이다. 그런데 여기에 숨어 있는 동력은 바로 실패를 딛고 일어서는 끊임없는 노력과 도전정신이다. 즉, 창의성은 노력과 도전정신의 다른 말인 것이다. 우리가 잘 아는 토머스 에디슨은 진정한 의미의 창의성이 무엇인지를 잘 보여준다.

• 토머스 에디슨(1847~1931)

토머스 에디슨(Thomas Edison)은 오하이오주 밀란에서 태어나 미시간주 포트휴런에서 자랐다. 에디슨은 유년시절부터 만물에 대한 호기심이 많았으므로 당연히 주입식 교육에 적응할 수 없었다. 그래서 결혼하기 전까지 교사로 일한 모친이 에디슨을 집에서 가르쳤으며 부친도 아들에게 책을 사주되 독후감을 쓰게 하여 책에서 읽은 내용을 나름대로 해석하도록 유도했다. 정규 교육을 받은 것은 3개월뿐이었으나 어머니의 열성적인 교육에 의해 점차 재능을 발휘하게 되었다.

에디슨은 발명가로 유명하지만 사업에도 재능이 있었다. 10대 초부터 에디슨은 부모의 허락으로 집이 있는 포트휴런과 디트로이트를 오가는 기차에서 간식, 신문, 잡지는 물론 채소까지 팔며 한편으로 화학 실험을 시작하였다. 특히 에디슨은 1862년 인쇄기를 사서 열차에 싣고 다니며 직접 '그랜드 트렁크 헤럴드'라는 신문을 제작 판매하여 짭짤한 수익을 올렸는데, 그의 신문은 남북전쟁으로 새로운 정보를 얻기 힘들던 고객들에게 좋은 콘텐츠를 제공하였다.

토머스 에디슨은 15세 때 3살 연상의 역장 아들 짐 맥켄지의 목숨을 구해 준 것이 인연이 되어 전신기사가 되었다. 짐의 아버지 J.U. 맥켄지는 에디슨을 너무 고맙게 여겨 에디슨을 전신기사로 훈련시켰다. 1866년 19살이 된 토머스 에디슨은 웨스턴 유니온의 직원으로서 AP 통신사 전선작업을 했던 켄터키주 루이빌로 이사를 갔다.

이윽고 1876년 세계 최초의 민간 연구소로 알려진 멘로파크연구소를 세워 발명을 계속하였다. 그의 발명은 굉장히 많아서 특허의 수효만도 1,300여 개나 된다. 에디슨의 발명품으로는 1874년 자동 발신기, 1877년 축음기, 1879년 전화 송신기, 1880년 신식 발전기와 전등 부속품, 1881년 전차의 실험, 1882년 발전소 건설, 1888년 영화, 1895년 광물을 가려내는 법, 1900년 시멘트 공업의 개량, 1909년 엔진형 축전지 등이 있으며, 전구 발명을 할 때는 필라멘트의 재료를 구하기 위해 일본에까지 사람을 보냈다. 그런데 에디슨이 발명한 기술들은 다른 사람들도 만들어낸 것이었다. 이를테면 전구는 영국 물리학자 조지프 스완 등의 여러 과학자들이 만들어낸 것이었다. 하지만 에디슨의 발명은 실생활에 쓸 수 있었지만, 다른 사람들의 발명은 그렇지 않았다는 중요한 차이가 있다.

에디슨은 위대한 인격자인 동시에 노력가였다. "천재라는 것은 98%의 땀과 2%의 영감이다"라고 한 그의 말은 천재 발명가의 노력을 잘 말해 주고 있다.

특별히 창의성 교육은 교육을 교육답게 만드는 원동력이다. 사람은 개인마다 그 나름대로의 고유한 독특성과 독자성을 지녔는데, 교육은 모든 이가 각자의 능력을 충분히 발휘할 수 있도록 인간을 인간답게 하는 것이어야 한다는 점에서 인성교육과 일맥상통한다. 따라서 청소년들이 창의성을 충분히 발휘할 수 있도록 어떤 것을 이루기 위한 목표의식을 갖고 아이디어를 내기 위해 다각적인 시각에서 사물을 보는 시각을 키워야 하며 사회는 독특한 사고와 행동을 보이는 청소년이 그의 생각을 자유롭게 펼칠 수 있도록 열린 분위기를 조성해야 한다.

(6) 명예(名譽)

명예란 사회적으로 인정받는 이름이나 자랑을 의미하는 것으로 공익과 대의를 위해 이익을 버리고 희생적 · 헌신적 행동을 한 것에 대한 심리적 자긍심이라고 할 수 있다. 아리스토텔레스(Aristoteles)는 명예란 '신들에게 우리가 돌리는 것, 높은 지위에 있는 사람들이 가장 절실하게 희구하는 것, 가장 고귀한 행위에 주어지는 상'이라고 정의했다. 군인의 최고 명예는 국가를 위한 희생과 봉사 즉, 충성을 함으로써 얻어진다.

명예를 지키기 위해서 개인적으로 큰 희생을 감수할 수도 있다. 그 희생은 때로는 목숨을 의미하기도 한다. 비록 내가 어떤 불이익을 당한다 할지라도 내가 가진 신념과 원칙이 옳다는 것을 죽음으로써 보일 수도 있는 것이다. 우리가 잘 아는 철학자 소크라테스는 진정한 명예심이 무엇인지를 잘 보여준다.

• 소크라테스(BC 469~BC 399)

소크라테스는 조각가인 소프로니코스를 아버지로, 해산술을 업으로 하던 파이나레테를 어머니로 하여 아테네의 서민가정에서 태어났다. 처음에는 아버지를 따라 조각을 하면서 다른 청년들처럼 기하학 · 철학 · 천문학 등을 배웠고, 중장보병에 편입되어 세 번이나 전투에 참가하였다. 기원전 406년, 500명 공회의 일원이 되어 1년간 정치에 참여한 일이 있고, 40세 이후에는 교육자로 청년들의 교화에 힘썼다.

그는 지혜를 사랑하는 마음으로 정의 · 절제 · 용기 · 경건 등을 가르쳐 많은 청년들에게 큰 감화를 끼쳤으나, 공포정치 시대의 참주였던 크리티아스 등의 출현이 그의 영향 때문이라는 오해를 받게 되어 '청년을 부패시키고 국가의 여러 신을 믿지 않는 자'라는 죄명으로 고소되고, 배심원들의 투표 결과 40표로 이 애국자에게 사형이 언도되었다.

소크라테스는 잘못된 고소에 대해 저항하고 국외로 추방당하는 길을 택할 수도 있었다. 그를 고소한 당시 정치가들은 소크라테스가 목숨을 구걸하는 모습을 사람들에게 보여줌으로써 그의 가르침을 일순간에 무너뜨리려고 시도했다. 이를 간파한 소크라테스는 잘못된 궤변에 오염되지 않고 순수한 마음으로 진리를 찾도록 가르쳤던 그의 신념과 명예를 죽음으로 지켰다.

4 인성진단

1) 인성 자기진단표

먼저 '인성이 무엇인가?'에 대해서도 합의가 쉽지 않은 터에 인성을 진단한다는 것에 많은 논란이 있을 수 있다. 즉, 그만큼 인성을 진단한다는 것은 쉽지 않다는 의미이다. 그러나 쉽지 않다고 하여 시도하지 않는다면 인성교육은 진보하지 못하고 정체되어 있을 수밖에 없다. 따라서 본서에서는 위에서 제시한 6가지 가치의 신념화 정도를 측정하기 위한 자기진단표를 제시한다.

자기진단표는 앞에서 제시한 충성, 용기, 책임, 존중, 창의, 명예 등 6가지 가치에 대해 각각 다섯 문항씩 총 30문항으로 구성되어 있다. 각 문항에 대해 '매우 그렇다(4점)', '그렇다(3점)', '그렇지 않다(2점)', '매우 그렇지 않다(1점)' 등 4개의 척도 중 하나에 응답하도록 되어 있다. 각 가치별로 20점씩 총 120점 만점으로 채점을 한다. 본 진단표는 필자가 주도하는 창의교육개발팀에서 개발했고, 예비검사를 통해 문항의 신뢰도와 타당도를 확보했다.[16]

이 책을 읽는 독자들은 스스로의 인성을 점검한다는 마음으로 다른 사람을 의식하지 말고 응답해 볼 것을 권유한다. 이를 통해

[16] 본 진단표의 개발과정은 정병삼·조상근(2011), 「사관생도들이 지각하는 안보의식의 구성요인」, 『국방연구』 제54권 제1호를 참조. 창의교육개발팀은 교육학, 정치학, 체육학, 역사학 등 다양한 분야의 전문가들로 구성되어 있음.

서 6개 영역 가운데 자신의 장점과 단점을 찾아내 장점은 더욱 발전시키고 단점은 보완해서 6대 가치관이 고르게 정립된 인성을 갖추기 위해 스스로 노력하기 바란다.

가치	문항 내용	매우 그렇다	그렇다	그렇지 않다	매우 그렇지 않다
		4	3	2	1
충성	부모님께 효도하는 것은 자식으로서 당연한 도리이다.				
	나라를 위해 봉사하는 것은 값진 일이다.				
	병역의 의무를 이행하는 것은 당연하다.				
	개인의 권리보다 공동체를 위한 의무가 우선한다.				
	자유민주주의는 우수한 정치체제이다.				
용기	나의 실수를 솔직하게 인정하는 편이다.				
	반대 의견이 있더라도 솔직하게 말한다.				
	많은 사람이 포기하는 일에 도전하고 싶다.				
	친구의 잘못에 대해 지적하고 충고하는 편이다.				
	범죄를 목격하면 경찰에 신고할 것이다.				

가치	문항 내용	매우 그렇다	그렇다	그렇지 않다	매우 그렇지 않다
		4	3	2	1
책임	내가 맡은 일은 최선을 다해 처리한다.				
	내가 잘못한 것에 대해 솔직하게 인정한다.				
	다른 사람과 한 약속을 반드시 지키려고 노력한다.				
	모든 일은 내가 노력하기에 따라 결과가 달라진다.				
	어려운 일을 만나도 끝까지 이루려고 노력한다.				
존중	친구들의 기분이 어떤지 자주 살피는 편이다.				
	고민이 있는 친구가 있으면 도와주려고 노력한다.				
	다른 사람을 위해 기분이 상해도 최대한 조심한다.				
	나는 가치 있고 소중한 존재이다.				
	친구가 도움을 청하면 도와주려고 노력한다.				
창의	하늘이 무너져도 솟아날 구멍이 있다.				
	새로운 아이디어를 내는 것이 재미있다.				
	집단에서 다른 의견을 자주 내는 편이다.				
	친구들에게 엉뚱하다는 평을 자주 듣는다.				
	지금까지 하지 않았던 일에 도전하고 싶다.				

가치	문항 내용	매우 그렇다	그렇다	그렇지 않다	매우 그렇지 않다
		4	3	2	1
명예	손해를 보더라도 정직해야 한다.				
	노력한 만큼만 대가를 바라는 것이 옳다.				
	누가 보지 않더라도 법과 규칙을 지켜야 한다.				
	양심의 소리에 따라 행동하는 편이다.				
	세상에는 내가 손해를 보더라도 반드시 지켜야 할 가치가 존재한다.				

2) 인성 진단표를 활용한 자기교육

먼저 각 가치에 대해 20점 만점에서 몇 점을 얻었는지를 계산한다. 이어서 아래 준거표에 의해 판정 및 해석할 수 있다.

인성 진단표 해석 준거표

점수 구간	판정	해석
18~20	매우 우수	해당 항목의 가치를 매우 우수하게 신념화하고 있으며 가치의 중요성에 대한 감수반응이 뛰어남
15~17	우수	해당 항목의 가치의 중요성에 대해 인식하고 있으며 신념화 단계로 가기 위한 조건이 양호함
12~14	보통	해당 항목의 가치의 중요성에 대해 어느 정도 인식하고 있으나 큰 관심을 두지 않고 있음
9~11	취약	해당 항목의 가치의 중요성에 대해 인식하고 있지 않으며 별로 관심을 두지 않고 있음
0~8	매우 취약	해당 항목의 가치의 중요성에 대해 전혀 인식하지 않거나 관심을 두고 있지 않음

앞의 준거표는 대한민국에서 가장 집중적으로 인성교육과 훈련을 받고 있는 사관생도와 사관캠프에 참가한 대학생들을 대상으로 한 예비검사를 토대로 작성된 것이다. 그러므로 자신이 위 다섯 가지 판정 기준에서 어디에 해당하는지를 솔직하게 점검해 볼 필요가 있다. 물론 위 판정 기준에서 '매우 우수'를 받았다고 하여, 그 사람이 해당 항목의 가치를 완전하게 생활에서 실천하고 있다고 볼 수는 없다. 인식과 실천은 별개의 문제일 수 있기 때문이다. 그러나 자신이 정직하게 응답한 결과에 따라 최상위 판정을 받았다면 그 사람은 해당 가치를 생활에서 실천하기 위한 인식론적 토대는 완료되었다고 볼 수 있다. 그렇다면 중간에서 중간 이하의 판정을 받은 사람은 어떻게 해당 가치를 제고해야 하는가? 이를 위한 스스로의 교육 즉, 자기교육이 필요하다. 자기교육은 아래처럼 모델을 적용하여 진행할 수 있다.

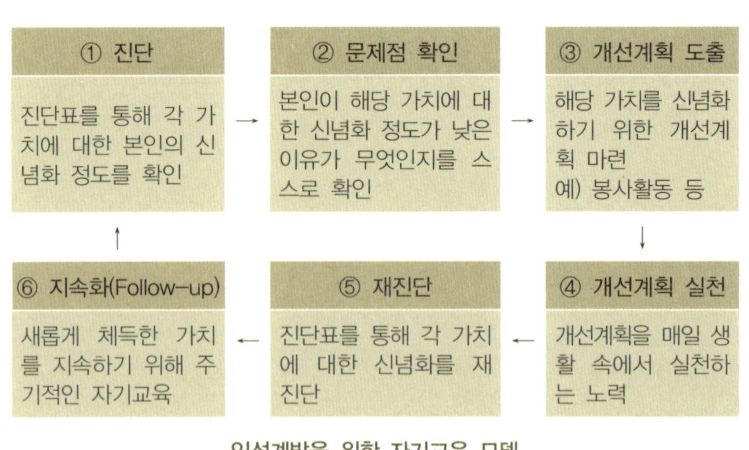

인성계발을 위한 자기교육 모델

이상의 모델을 완성하기 위해서는 아래 행동 진단표에 의거하여 각 생활영역에서 자신의 행동습관을 반성하고 개선계획을 수립하는 것이 도움이 될 것이다.

행동 진단표

영역	행동 진단	반성	개선방향
가정	부모님을 존경하는가?		
	부모님의 말씀을 경청하는가?		
	내 조상에 대해서 알고 있는가?		
	부모님의 생일을 알고 있는가?		
	부모님의 말씀에 순종하는가?		
	형제, 자매에게 양보하는가?		
	친척의 촌수관계를 알고 있는가?		
	내 이웃에 누가 살고 있는지 알고 있는가?		
	내가 살고 있는 지역의 역사를 알고 있는가?		
	부모님의 고민(관심)을 알고 있는가?		
학교	담임 선생님을 존경하는가?		
	담임 선생님의 말씀에 순종하는가?		
	학교의 역사에 대해 알고 있는가?		
	친구의 고민을 알고 있는가?		
	어려움에 처한 친구를 도와주는가?		
	봉사활동을 하는 동기는 무엇인가?		

앞에 제시한 행동 진단표는 행동으로 나타나는 자신의 인성을 스스로 돌아보고 이를 개선하는 데 도움을 준다. 인간의 행동에는 동기가 있고, 그 동기에 영향을 주는 것은 그 사람의 가치관이다. 그러므로 인성은 곧 가치관인 것이다. 자신의 행동을 진단, 반성하고 개선해 나가다 보면 점차 자신의 가치관도 건전한 방향으로 바뀔 수 있는 것이다. 즉, 인성과 가치관, 행동은 서로 영향을 주고받는 삼위일체의 관계로 볼 수 있다. 그러므로 참된 지식을 통해 그 사람의 가치관을 건전한 방향으로 변화시키면 행동의 변화가 일어나고, 변화된 행동이 지속되면 그 사람의 인성도 건전한 방향으로 변화될 수 있다.

이때 인성 함양의 방법으로 집단상담에 참여하는 것도 좋은 방법이다. 인성교육을 효과적으로 실천하는 방안으로는 무엇보다도 학교 내에서 청소년들에게 실시되는 집단지도나 교육 프로그램의 일환으로서 집단상담을 들 수 있다. 집단상담 프로그램에는 인간

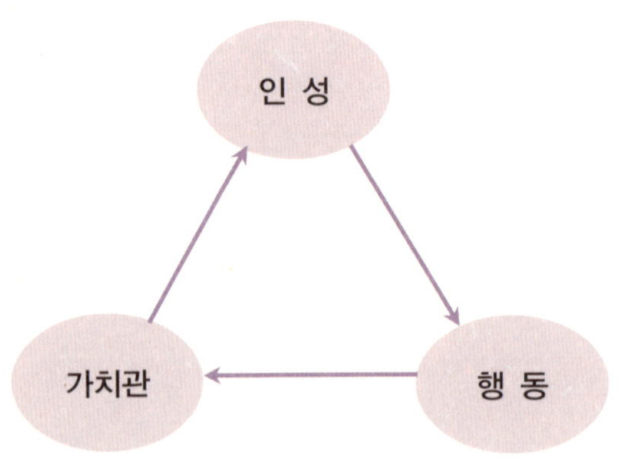

인성, 행동, 가치관의 관계

성장집단, 자기주장 훈련, 인간 잠재력 세미나, 감수성 훈련 등이 있다. 앞에서 제시한 프로그램을 통해 청소년들은 집단상담 과정에서 스스로 깨닫지 못한 자신의 장 · 단점을 발견하고, 이를 집단의 상호작용을 통하여 인간적인 성장과 발달을 도모할 수 있게 된다.

이때 인성교육을 위한 집단상담에서 첫 번째 목표로 삼는 것은 자기긍정(self-affirmation)의 태도를 정립하는 것이다. 이는 청소년들이 자기존재의 가치에 대한 확신을 가짐으로써 부끄러움 없이 사람으로서의 가치와 능력에 대해 청소년 스스로가 자신감을 갖는 것을 의미한다. 두 번째 목표는 자기결정(self-determination) 능력을 키우는 것이다. 이는 생활 속에서 타인의 도움이나 조언을 받을 수는 있지만 인생에 대한 최종적인 결정은 자신의 몫이며 책임 또한 자신이 져야 한다는 확고한 인식을 가지는 것이다. 집단상담에서는 집단원들이 자신의 문제를 회피하거나 타인에게 의존하지 않고 스스로 헤쳐 나가는 능력을 기르도록 해준다. 세 번째 목표는 자기동기화(self-motivation)이다. 이는 청소년 자신이 자신의 일을 스스로 찾고 용기 있게 헤쳐 나가는 능동적 · 적극적인 인간상으로서 타인이 해주길 바라는 수동적이고 소극적인 자세를 극복하는 심리적 태도이다. 네 번째 목표는 다른 사람들에 대한 공감적 이해 능력을 증진시키는 것이다. 이는 앞서 설명한 것처럼 상대방의 입장에서 이해하고 공감하려는 자세이며 이러한 공감은 타인에게 신뢰감과 안정감을 느끼게 하는 데 중요한 역할을 한다.

이때 주의할 점이 있다. 집단상담은 집단을 구성하고 있는 청소년들이 자신의 느낌을 솔직하고 자유로이 말하고, 그에 대하여 타인의 피드백을 받는 역동적인 상호작용을 통해서 이루어지기 때문에 상대방의 긍정적인 면을 드러내어 주는 것이 바람직하고, 지나친 비판이나 인격적인 모독은 절대 삼가도록 해야 한다. 청소년 개개인에게 긍정적인 자극을 순수하고 성실하게 줌으로써 잠재력을 키워 나가는 집단상담은 인성교육을 위한 효과적인 방법이라 할 수 있다.

5 인성교육 방향

그러면 청소년들이 바람직한 인성을 가지도록 하기 위해 어떻게 인성교육을 실시해야 하는가? 과연 어떤 특성을 지닌 인성이 바람직한가? 이에 대한 대답은 실로 복잡하고 쉽지 않은 문제이다. 지구상에는 50억이 넘는 사람들이 제각기 다른 지역에서 다양한 형태의 삶을 살아가고 있다. 이러한 사람의 다양성은 사람을 사람답게 기른다는 인성교육의 목표를 한마디로 정의하는 것을 어렵게 만든다. 다만, 현재까지 여러 저명한 인성 이론가들의 주장과 경험적 연구결과를 종합하여 건전한 인성을 가진 사람들의 특징을 살펴봄으로써 인성교육의 목표를 유추해 내고, 나아갈 방향을 정립해보고자 한다.

1) 자신에 대한 올바른 이해 도모

인성교육의 목표는 무엇보다도 청소년으로 하여금 자기 자신을 바르고 정확하게 이해하도록 하는 일이다. "너 자신을 알라"라는 소크라테스의 말을 굳이 인용하지 않더라도 자신의 감정이나 동기를 정확하게 이해하여 자신에게 가장 합리적이고 현실적인 행동을 선택하고 실행할 수 있도록 해야 한다.

2) 자신에 대한 존중과 수용

자기 자신을 지나치게 비하하거나 반대로 자기애적(自己愛的)

이며 이기적인 품성이 아닌 자신에 대한 올바른 이해 후에 존중과 수용은 한층 더 바람직한 인간의 모습을 보여준다.

3) 자기통제 능력의 배양

감정과 본능을 조절하고 충동을 자제함으로써 사회에서 요구하는 창조적이며 생산성 있는 바람직한 개인으로 발전시킨다.

4) 올바른 현실감각 배양

자기이해, 자기존중, 자기수용, 그리고 자기수용을 통해 자신이 도전하고 성취할 수 있는 가능성을 인지하며 지나친 이상주의에서 벗어나 현실에 동화될 수 있는 인성으로 발전시킨다.

5) 타인에 대한 존중과 배려의 자세 함양

현실은 타인을 배제한 채 존립할 수 없음을 알고 솔직한 자기노출과 타인과의 공감적 자세를 통하여 상대방의 입장을 이해하면서도 결코 자기 자신을 잃지 않는 사회의 건강한 구성원이 된다.

6) 공동체를 위한 희생과 봉사

인간은 사회적 존재로서 자신이 그 집단에서 인정받고 성장, 발전하는 것을 느끼면서 소속감을 느끼고 희생과 봉사의 참의미를 깨닫게 된다. 그러한 정신을 갖춘 사람이 국가와 민족 더 나아가 세계 공동체를 위해 큰 업적을 남기게 되는 것이다. 따라서 인성교육의 궁극적인 목표는 공동체를 위한 희생과 봉사정신을 갖춘 인재양성이 되어야 할 것이다.

청소년의 인성교육은 청소년 혼자만의 몫이 아니다. 글로벌 리더를 향한 인성교육은 청소년 본인, 가족, 교사, 그리고 학교의 정책적 지원이라는 네 가지 요소가 하나가 되어 이루어질 때 그 효과를 기대할 수 있다.

(1) 청소년 본인의 역할

인성진단 결과 자신의 강약점을 발견하고, 자신의 강점은 더욱 살리고 약점은 지속적으로 보완할 필요성이 있다. 이를 위해 스스로 진행할 수 있는 최선의 방법은 그러한 인성을 소유한 모델을 찾아서 모방학습을 하는 것이다.

모델을 찾기 위해서는 여행, 다양한 독서, 체험학습 등이 필요하다. 이런 활동들은 학생들이 어릴 때일수록 그 효과가 크고, 오랫동안 지속된다.

특히 어린 시절 동서양의 많은 고전을 섭렵하고, 훌륭한 위인들의 전기(傳記)를 탐독함으로써 '인간이 인간으로서 살아갈 방향'과 '훌륭한 삶을 살아가는 법'을 배울 수 있다. 그것도 인격이 완성되기 이전, 즉 청소년기까지 어떤 책을 읽느냐가 매우 중요한 것이다. 책을 많이 읽은 사람이 모두 훌륭한 리더가 되는 것은 아니지만, 리더 중에서 독서를 게을리한 사람은 거의 없다.

• 빌게이츠
"오늘의 나를 있게 한 것은 학교가 아니라 동네 도서관이었다." 하버드대학을 중퇴하고 방황하던 빌게이츠가 자신의 삶을 돌아보며 한 말이다.

• 안철수(카이스트 석좌교수)
"왕성한 지적 호기심을 독서로써 해결한다." 안철수 교수는 초등학교 때 도서관에 있는 책을 모두 읽었다. 책을 읽을 때 많은 사람의 경험과 지혜를 빌려올 수 있다.

• 에디슨
10대에 이미 2만 권의 책을 읽었다.

• 나폴레옹
전쟁터에서 말을 타고 달리면서도 책을 손에서 놓지 않았다.

• 손정의(소프트뱅크 회장)
간염으로 병원에 입원해 있던 3년간 5,000권에 가까운 책을 읽었고 소프트뱅크 창업의 아이디어는 그때 메모한 수첩에서 나왔다.

• 정주영(현대그룹 명예회장)
젊은 날 노동자 시절 자신의 삶을 바꾸기 위해 낮에는 일하고 밤에는 졸음을 이기고 닥치는 대로 책을 읽어서 스스로를 교육시키고 미래를 설계했다.

• 콘돌리자 라이스(전 미국무장관)
"초등학교 시절의 독서는 평생을 좌우한다."

(2) 부모의 역할

부모는 백지와 같은 자녀의 인성에 첫 그림을 그려 주는 존재이다. 부모가 어떤 그림을 그려 주느냐가 그 자녀의 평생을 좌우할 수도 있다.

가정교육과 학교교육이 적절히 조화를 이루게 하고, 학교의 제반 교육 활동에 대한 학부모들의 이해와 협조를 높이기 위해서는 학부모들이 학교교육에 참여하는 기회를 많이 갖는 것이 매우 중요하다.

2006년 초 미식축구의 영웅 하인즈 워드(Hines Ward)열풍이 불었었다. 그 열풍은 그가 한국계이기 때문만은 아니었다. 아들에게 헌신적이었던 어머니의 사랑이 우리네 어머니를 떠올렸기 때문이다. 결혼 후 도미한 그의 어머니는 곧 남편과 헤어지고 혼자 아들을 키우면서 혼혈아라는 이유로 다른 아이들에게 멸시를 당할까봐 온갖 정성을 아끼지 않았다. 그녀는 접시닦이, 호텔 청소부, 가게 점원으로 하루에 3가지 일을 하면서도 제때 꼭 따뜻한 밥을 챙겨주었고, 그런 어머니의 사랑을 워드는 철이 들면서 알게 되었다. 그러면서 단 둘이었지만 가정의 소중함을 알았고 어머니의 사랑에 보답하고자 가난한 환경과 따돌림을 당하는 상황에서도 그가 좋아하는 미키마우스의 미소를 항상 잃지 않으며 긍정적인 자화상을 그려 나갔다. 워드의 얼굴에 새겨진 한국인의 미소는 어머니의 눈물의 열매였고 이는 한국인의 모습이었으며, MVP라는 큰 열매를 거머쥐는 원동력이 되었다.[17]

교사와 학부모의 상담은 청소년의 올바른 성장을 위해 꼭 필요하다. 정례적인 상담을 통해 청소년의 성장과 발달을 위해 교사와 학부모가 함께 협력하고 학교교육과 가정교육을 적극적으로 연계시킬 수 있다. 또한 청소년에 대한 이해를 높일 수 있도록 학년 초 상담을 정례화함은 물론 교사와 학부모가 부담 없이 서로에게 면담을 신청할 수 있어야 한다.

시간과 여건이 허락되는 범위에서 학부모는 학교의 교육활동에 직접 참여하거나 적극적으로 지원할 수 있다. 학부모가 보조교사

[17] 이한규, 앞의 책, pp. 121-122(참조 재인용).

나 청소년 상담원 역할 등을 한다면 국가적인 차원에서도 우수 인력을 활용하게 되는 효과가 있고, 교사들은 교육활동을 위해 좀 더 많은 노력을 기울일 수 있는 여유를 갖게 된다.

또한 학교의 교육활동계획을 세우는 데 학부모들의 요구와 의견을 적극적으로 수렴해야 한다. 학부모들의 의견 수렴은 학교운영위원회가 주관이 되어 학부모회 등을 통해 조직적으로 하는 것이 좋다. 학부모의 참여는 설문조사에 의한 응답, 학부모회의 참여, 교사나 학교장 면담 등의 다양한 방법으로 이루어질 수 있다.

우리나라에서는 아직도 개인적인 체험이나 단편적인 지식을 바탕으로 한 편협한 교육관을 가지고 있거나, 가족 이기주의를 극복하지 못한 학부모들이 상당수 있다. 때문에 학부모들의 학교교육 참여에 자칫 자녀에 대한 이기적인 목적이 작용하거나 또 다른 치맛바람을 일으킬 우려도 없지 않다. 따라서 학부모의 학교 참여가 진정 교육적인 입장과 관점에서 교사들의 교권과 조화를 이룰 수 있도록 노력해야 한다.

(3) 교사의 역할

교사는 이 대한민국에 참으로 많이 있다. 그러나 학생의 인생을 책임감을 갖고 사랑으로 이끌어 줄 수 있는 진정한 교사는 그리 많지 않을 것이다. 교사의 사고방식과 가치관 그리고 일거수일투족이 청소년들의 성장과 발달에 영향을 주므로 청소년들의 모델로서의 역할을 모범적으로 수행할 수 있도록 항상 깨어 있어야 한다. 마음과 마음이 만나는 상황에서 서로 주고받는 대화는 청소년 개개인의 자기성찰을 돕고 자기통찰을 얻게 한다. 뿐만 보스턴의 한 보호소에 앤(Ann)이란 소녀가 있었다. 그녀의 엄마는 죽었고 아빠는 알콜 중독자이어서 가정생활은 상처투성이였다. 그래서 보호소에 왔는데 같이 온 동생마저 죽자 앤은 그 충격으로 미쳤고 실명까지 하게 되었다. 앤은 수시로 자살을 시도했으며 괴성을 지르고 물건을 집어던지는 등 회복될 기미가 없다는 판정을 받고 정신 병동 지하 독방에 갇히게 되었다. 모두 그녀에 대한 치료를 포기했을 때 노 간호사 로라(Laura)가 앤을 돌보겠다고 자청했다. 로라는 정신과 치료보다는 그냥 친구가 되어 줄 목적으로 날마다 과자를 가지고 가서 책을 읽어 주고 돌아오기만 했다. 그렇게 한결같이 사랑을 쏟았지만 앤은 아무 관심도, 반응도 없었다. 물론 과자는 입도 안 댔다.

그러던 어느 날 로라는 과자가 하나씩 없어지는 것을 눈치채고 용기를 얻어 변함없이 관심을 갖고 사랑을 표현해주자 앤은 점점 말을 하기 시작하더니 마침내 2년 만에 정상인 판정을 받고, 파킨스 시각장애인학교에 입학하여 학교를 최우수 성적으로 졸업하는 영예를 안았다. 그 과정 속에 로라가 죽는 슬픔도 있었고 또 한 신문사의 도움으로 개안수술까지 받는 기쁨도 있었다.

수술 후 어느 날 앤은 한 구인광고를 보았다. "보지 못하고 듣지도 못하고 말하지도 못하는 아이를 돌볼 사람 구함" 앤은 그 아이에게 자신이 받은 사랑을 돌려주기로 결심했다. 사람들은 못 가르친다고 말했지만 그녀는 그 아이를 20세기 최고의 기적의 아이로 만들어냈다. 그 아이가 헬렌 켈러(Helen Keller)이고 그 선생님이 바로 앤 설리번(Ann Sullivan)이다.

로라는 앤과 함께 있어 주고 앤의 고통을 공감하면서 앤을 정상인으로 만들어냈고 앤도 헬렌과 48년 동안 함께 있으면서 헬렌이 하버드대학을 다닐 때 강의에 모두 같이 참석하면서 그녀의 손에 강의 내용을 모두 적어 주었다. 헬렌은 말한다. "만약 내가 눈을 뜬다면 항상 사랑과 희망과 용기를 불어넣어 준 앤 설리번 선생님을 가장 먼저 보고 싶어요."[18]

아니라 상대방에 대한 이해의 폭을 넓혀줌으로써 청소년 자신의 인격형성을 돕는다. 실천 없는 대화나 수업은 공허한 말장난에 불과하다. 교사의 언행이 일치하지 않는 위선적인 모습은 오히려 청소년들의 반발심을 자극할 수 있고 어렵게 조성된 신뢰감마저 무너뜨리는 부작용을 낳는다.

(4) 학교의 역할

학교는 첫째, 교과를 지도할 때는 물론 교과내용의 본래 취지 및 성격에 충실한 학습활동을 전개해야 하며 교과내용 중 인간적인 덕목과 관련된 내용은 정서적 교감을 중심으로 지도되어야만 한다. 만약 도덕과목이라면 인지학습보다는 가치관 교육과 품성 함양교육이기 때문에 교사의 솔선수범이 전제되어야만 하며 도덕성과 예절 함양교육이 중요시되어야만 한다. 만약 공자철학을 배웠다면 그 내용을 줄줄이 외우는 것보다 자기의 현재의 삶에서 비추어보고 반성과 자기 발전을 꾀할 수 있는 여건이 조성되는 수업이어야만 한다. 또한 예체능 교과의 경우는 아름다움의 감상과 표현 및 풍요로운 정서를 경험하고 음미하며 질서를 지키고 협동 봉사하는 마음을 지닐 수 있도록 유도하는 수업이어야만 한다. 각종 전시회, 연주회, 발표회 등의 체험활동도 가미하여 보다 넓은 감성을 키우는 수업이어야만 한다. 특별히 대학입시에 치중한 우리 교육현실에서 각급 학교는 예체능의 중요성에 대해 교육철학을 확립하여 학생들의 체(體) · 인(人) · 지(智)를 골고루 갖춘

[18] 이한규, 앞의 책, pp. 17-19(참조 재인용).
그림 上: 앤 설리번 / 下: 헬렌 켈러

인재들을 양성하는 데 주안점을 두어야만 한다.

둘째, 평가방식도 다각화할 필요가 있다. 평가는 단순 서열식이 아닌 청소년 스스로 자신의 인성을 분석하려는 노력을 해야 하고, 이것이 교사에게는 교수 지도 방법 개선자료로, 청소년 본인에게는 학습과 습관의 반성 자료로 활용되어야만 한다. 즉 인성측면의 평가와 학습의 반성이 동시에 일어나야만 한다.

셋째, 학교 운영에 있어서도 학생들이 의사결정과정에 더욱 많이 참여하게끔 유도해야 하고 비판 및 토론의 과정을 거쳐 다양한 의견을 수렴해야 한다. 또한 결정된 사항에 대해서는 최선을 다하는 실천의 모습까지도 보여야만 한다. 학교에서의 인성교육을 반영하는 문제에 대해서는 학교 운영자의 의지가 굉장히 중요한데 논산대건고의 사례는 일선 고등학교 운영자들에게 큰 시사점을 준다.[19]

논산대건고등학교는 독자적인 인성교육 프로그램을 개발하여 바른 인성을 갖춘 인재를 양성하기 위해 애쓰고 있다. 인성교육 프로그램의 내용에는 집단상담, 영상포럼, 예절 및 성교육, 문화체험, PESS 프로그램 등이 있다.

• 집단상담

"나는 누구인가?"를 주제로 하여 자아탐색과 자아정체성 확립에 중점을 둔다. 자아에 대한 탐색을 바탕으로 공동체감을 형성하기 위해 마인드맵을 통해 친구와 이웃을 돌아볼 수 있도록 한다.

[19] 논산대건고등학교의 인성교육내용은 학교 홈페이지(www.daegeon.hs.kr/humanism)를 참고하였음.

• 영상포럼

① 자아탐색 ② 가치관 형성 ③ 도전과 극복 ④ 삶의 의미 ⑤ 창작과 상상 ⑥ 가족과 친구의 의미 ⑦ 사랑과 아름다움 ⑧ 그리스도의 사랑 ⑨ 정의와 자유 ⑩ 전쟁과 화해 ⑪ 예술과 진실 등에 관한 엄선된 영화를 시청함으로써 다양한 영상을 통해 다양한 가치를 느끼게 한다.

• 예절 및 성교육

예절교육은 각 학년별로 기초예절, 성년의례, 공식 석상에서의 예절 등을 체계적으로 교육한다. 성교육 역시 각 학년별로 성에 대한 지식, 순결과 성에 대한 가치관 정립 등 각 주제를 단계별로 교육한다.

• 문화체험 및 수요명상

연극, 무용, 음악회 등을 통해 정서적 성숙을 기하고, 명상을 통해 내면을 가꾸는 기회를 제공한다.

• PESS 프로그램

인간을 구성하는 중요한 요소인 신체적(Physical), 정서적(Emotional), 영적(Spiritual), 지적/봉사적(Study/Service) 측면을 고르게 발달시키는 전인교육 프로그램이다. 이를 위해 대건고에서는 PESS 연구소를 설립하여 각계 전문가들의 자문을 받아 전인교육으로 혁신을 추구하고 있다. 논산대건고등학교는 이런 인성교육을 위한 노력을 인정받아 2007년 전국 지방교육혁신경진대회 우수상을 수상한 바 있다.

선생과 제자가 함께하는 체육대회(씨름)

예절교육

작은 음악회

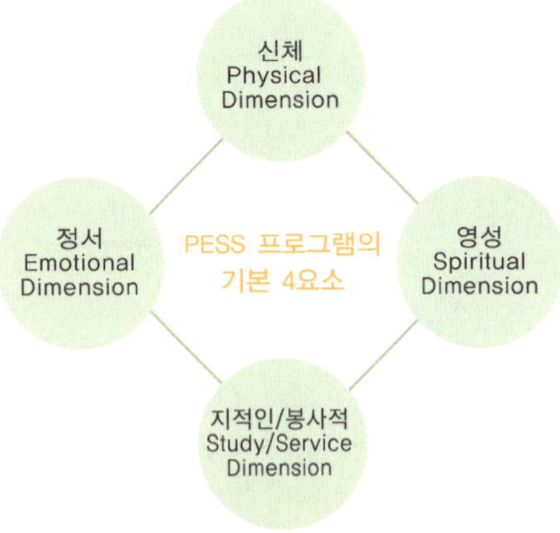

PESS 프로그램 개념도[20]

[20] "PESS로 인성교육 'PASS'했어요!" 대전일보, 2007. 5. 4.

넷째, 학교 내 체벌의 한계성을 인정해야 한다. 지금까지 학교에서는 교육목적을 달성하기 위해 교사의 직·간접적 체벌을 허용하거나, 장려하는 분위기였다. 그러나 최근에는 교사의 직접체벌에 대해 제재를 가하는 사회적 분위기가 형성되고 있다. 체벌의 당위성에 대한 견해는 찬성과 반대론이 팽팽하게 대립하고 있으며 국가나 문화에 따라 큰 차이를 보이고 있다. 찬성론의 입장에서는 교권회복 차원에서 자기규율과 도덕성 발달을 도와주는 방법, 질서유지의 최선의 수단, 최소한의 노력과 시간을 투자하여 신속한 효과를 거두는 방법으로서 체벌의 불가피성을 주장한다. 반대론의 입장에서는 교사의 교권이 청소년의 인권을 침해해서는 안 된다는 입장에서 체벌의 폐지를 주장한다. 이는 체벌이 일시적인 제지효과는 있으나 계속적인 사용은 문제행동을 증폭시키고, 청소년의 공포심을 자극하여 자발적인 탐구정신을 억압하며, 사회에 대한 공격성과 폭력성을 키우게 된다는 입장이다. 또한 교사의 대응이 감정적이기 쉬워 합리적이지 못하고, 인간의 존엄성을 해치며, 부정적 자아개념을 형성한다는 의견이 있다.

원칙적으로 불가피한 경우 각 학교별로 체벌규정을 제정하여 규정에 의한 체벌이 허용되어야 바람직한 인성교육이 가능하다. 그러나 체벌은 어디까지나 피상적인 변화만을 유도할 뿐이므로 인성교육을 위해서는 다차원적인 접근이 필요하다. 평소 교사에 대한 정서나 태도를 개선할 수 있도록 신뢰를 바탕으로 교육공동체를 형성하여 믿음에 바탕을 둔 사제관계를 만들어 나가야 한다. 또한 열악한 교육환경을 정화하고 폭력영화 등 영상 및 인쇄매체물의 심의를 강화하여 사회문화적으로 인성교육에 적합한 환경조성을 위해 노력해야 한다. 교직 존중 풍토를 조성하기 위해서는 교사 우대분위기를 만들고 학부모들이 올바른 교육문화 확립에 참여해야 한다. 마지막으로 이상적이라 할지라도 체벌을 가하는 방식이 신체적 고통이 아닌 스스로의 반성을 통한 교육이어야만 한다.

다섯째, 학교 내 청소년 활동을 다각화해야 한다. 먼저 청소년회가 중심이 되어 민주적인 의사결정과 자율규제를 통해 민주적인 학교생활 풍토를 만들고, 다양한 교내 봉사활동을 통하여 스스로 학교를 가꾸어 주인의식을 갖도록 해야 한다. 청소년회 임원의 선출투표는 전교생이 참여하는 직접, 보통, 비밀, 평등 선거로 하고, 학교규정에 정해진 범위 내에서 공약개발, 홍보, 선거유세 등의 창의적 선거운동을 할 수 있게 한다. 출마자는 좋은 학교 만들기나 청소년회 활동 활성화 등에 관한 공약을 개발하고 제시해야 한다. 이때 청소년회 임원 출마 자격에 성적제한 등을 폐지하고 대신에 일정수의 청소년들의 추천서명을 자격조건으로 해야 할 것이다.

또한 청소년들이 다양한 동아리를 만들어 적극적으로 활동할 수 있도록 배려해야 한다. 청소년들은 동아리 활동 속에서 또 하나의 공동체 생활을 배울 수 있고, 민주적인 토론과 집단사고(集團思考)를 경험할 수 있다. 동아리는 취미나 특기, 관심이나 흥미, 장래희망 등이 유사한 청소년들이 공통적인 관심사를 매개로 모여서 구성하도록 한다.

CHAPTER 04

목표
Goal

• 오프라 윈프리(Oprah Gail Winfrey, 1954. 1. 29)

'세계에서 유일한 흑인 억만장자, 25년간 낮 시간대 미국 TV 토크쇼 시청률 1위의 사회자, 미국인이 가장 존경하는 인물 1위, 오프라이즘(Oprahism)'

오프라 윈프리

성공을 바라는 모든 사람들이 바로 오프라 윈프리에게 붙여준 수식어이다. 하지만 그녀의 유년기 시절은 이러한 수식어와는 달리 그다지 순탄치만은 않았다. 그녀는 미국의 미시시피주 시골에서 사생아로 태어났다. 어린 나이에 사촌으로부터 성폭행을 당했고, 14세의 나이에 미혼모가 되었으며, 아들은 생후 2주 만에 사망하게 되는 시련을 겪었다. 그리고 그녀는 인생의 아픔을 잊고자 마약에 빠져 방황의 세월을 보냈다.

그런 그녀에게도 새로운 삶을 살 수 있는 기회가 찾아왔다. 그녀의 친아버지와 새어머니는 그녀의 피폐해진 몸과 마음을 치유해주면서 인생의 새로운 목표를 설정하도록 도와주었다. 아버지는 일주일에 한 번씩 그녀에게 책을 읽어주었고, 어머니는 그녀의 독후감을 지도해주면서 인생의 방향을 제시해주었다. 그러자 여기에 그녀 특유의 근성과 집념이 결합되어 그녀의 아픔은 어느새 "나와 같이 어려운 처지에 있는 사람의 이야기를 대변해주는 최고의 토크쇼 진행자가 되자"라는 꿈으로 변하였다.

이후 오프라 윈프리는 자신의 꿈을 이루기 위해 항상 목표지향적인 삶을 살게 되었고, 강한 집념으로 꿈을 현실화시켜 나갔다. 특히 최고의 토크쇼 진행자가 되기 위해 자기 자신부터 바꾸어 나갔다. 한때 그녀는 110kg의 몸무게였으나 매일 규칙적인 운동과 식습관의 개선으로 2년 만에 약 40kg을 감량하였고, 흑인여성 최초로 보그지 패션모델이 되기도 하였다. 최고의 토크쇼 진행자가 되기 위해서는 비주얼도 중요했기 때문이었다. 동시에 그녀는 인적 네트워크 구성에도 최선을 다하였다. 전 세계의 유명 인사들부터 전과자나 빈민 등 소외계층에 이르기까지 누구와도 친구가 되고자 노력하였다. 이를 통해 그녀는 자선기금을 확보할 수 있었으며, 마음의 상처가 있는 사람에게 삶의 비전을 제시해줄 수 있었다. 아울러 그녀는 자신의 성공을 독식하지 않고 재산을 사회에 환원하여 연예계에서 기부순

위 1위가 되는 남다른 사랑을 실천하였다.

오프라 윈프리는 부모님의 사랑, 독서를 통한 생각의 변화, 그리고 목표지향적인 삶을 통해 상처로 얼룩진 상황과 환경 속에서도 성공할 수 있다는 희망을 사람들에게 보여주었다. 누구나 실패의 쓰라림을 맛보게 된다. 그러나 오프라 윈프리의 "나의 성공은 실패 덕분에 형성되었다"라는 말처럼, 실패는 성공을 향한 걸림돌이 아니라 디딤돌임을 명심하고 목표를 세우고 실천한다면 누구나 값진 삶을 얻을 수 있을 것이다.

오프라 윈프리는 목표를 향해 끊임없이 전진하며 희망의 메시지를 전하는 아름다운 삶을 살고 있다.

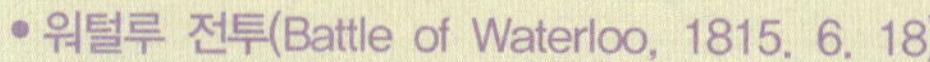

• 워털루 전투(Battle of Waterloo, 1815. 6. 18)

1812년 러시아 원정에 실패한 나폴레옹 보나파르트(Napoleon Bonaparte)는 1814년 황제에서 폐위되어 엘바섬으로 추방되었다. 그러나 대불동맹을 맺고 자신을 몰아냈던 연합군이 빈회의에서 전후처리 문제로 분열된 것을 본 나폴레옹은 1815년 2월 26일 유배지를 탈출해 파리로 다시 입성하게 되었다. 나폴레옹을 잡으러 온 군인들도 그를 도왔다. 이 소식은 나폴레옹을 두려워하던 영국, 프로이센, 네덜란드 등의 연합군을 다시 결집시켰고, 그들의 군대는 프랑스로 향했다. 이에 나폴레옹은 자신의 프랑스군보다 규모가 큰 연합군에 대항하기 위해서는 초기에 연합군을 각개격파해야 한다고 판단하였다. 이를 위해 그는 재빠른 출병을 결정하였고 드디어 역사적인 워털루 전투가 시작되었다.

전투의 초반, 나폴레옹의 이름은 빛났다. 그는 1815년 6월 16일 리니 전투에서 완벽하진 않았지만 프로이센군을 패퇴시켰다. 지휘관마저 부상을 입은 프로이센군은 영국군과 합류하여 전투를 벌이기 위해 후퇴하였다. 나폴레옹은 여기서 프로이센군이 완전히 퇴각한 것으로 오판하였다.

그는 에마뉘엘 드 그루쉬(Emmanuel de Grouchy) 장군에게 3만 명의 별동대를 주어 퇴각하는 프로이센군이 영국군에 합류하지 못하도록 하라고 명령하였고, 아울러 언제든지 본대와 합류하여 지원할 수 있는 준비를 하고 있도록 지시하였다. 문제는 여기서 시작되었다. 그루쉬는 두 개의 명령을 받았던 것이다. 전투의 승패를 좌우하는 결정적인 시기에 그루쉬의 3만 군대는 목표를 잃어버리고 아무것도 하지 않은 것이다.

6월 18일 나폴레옹의 군대는 영국 웰링턴(Wellington) 장군의 군대와 조우하였다. 비록 전날 온 비로 대포의 이동이 늦어져 초반 공격 시기가 늦긴 했지만 나폴레옹의 군대는 위력적이었다. 영국군은 나폴레옹의 프랑스군에게 상대가 되지 않았다. 그러나 승패가 판가름 났다고 생각했던 순간 퇴각한줄 알았던 프로이센군이 전장에 나타났다. 두 군대의 합류를 막고 각개격파하는 것을 중심으로 하던 나폴레옹의 전투 개념이 무너진 것이다. 양면에서 전투를 해야 하는 위기 순간을 넘기기 위해 그는 안간힘을 썼다. 나폴레옹에게도 병력의 우세가 절실히 필요해졌다. 연합군이 완전한 협공을 실시하기 전에 전투를 종식시키기 위해서는 프로이센을 추격하는 임무를 부여받았던 그루쉬 장군의 3만 군대가 절실하게 필요하였던 것이다.

그러나 그루쉬는 어리석었다. 그의 군대는 결정적인 시간에 어떠한 군사작전도 실시하지 못했다. 그의 군대는 프로이센군이 영국군과 합류하지 못하도록 추격하는 임무를 부여받았음에도 불구하고 그 목표를 달성하지 못하였다. 결국 연합군을 각개격파하려던 나폴레옹의 작전은 그루쉬 장군으로 인하여 실패한 것이다.

이때 프로이센군을 제대로 추격하지도 못하고 목표를 잃고 방황하던 그루쉬 군대는 멀리 벨기에 남동부 워털루에서 나는 포 소리를 들었다. 휘하의 장교들은 대포 소리를 듣고 그쪽으로 군대를 옮길 것을 건의하였다. 그러나 그루쉬는 그 의견을 묵살하고 어디에 있는지도 모르는 프로이센군을 찾아 헤매고만 있었다. 그루쉬의 3만 군대가 목표를 잃고 헤매고 있던 그 순간 수적 열세를 극복하지 못한 나폴레옹은 웰링턴의 영국군과 프로이센군의 강력한 공격에 무릎을 꿇게 된 것이다.

보이지 않는 공격 목표인 프로이센군을 찾아 열심히 말을 달리고 있던 그루쉬는 뒤늦게 전령으로부터 본대를 증원하라는 나폴레옹의 단편명령을 듣게 되었다. 그는 뒤늦게 워털루로 달려갔지만 그의 눈앞에는 프랑스군의 시체만이 즐비하였다. 이로 인해 그루쉬는 유동적인 전장상황에서 명확한 공격 목표를 식별하지 못한 우유부단한 인물로 평가받고 있다.

하지만 워털루 전투의 패배는 나폴레옹의 책임도 크다. 나폴레옹은 그루쉬에게 보이지 않고, 적시에 실현할 수 없는 두 개의 공격목표를 하달했기 때문이다. 그 결과 그루쉬는 "두 목표 사이에서 어떤 목표를 지향할 것인가?"라는 딜레마에 빠지게 되었고, 결국 결정적인 실수를 저지르게 된 것이다. 만약 나폴레옹이 그루쉬에게 목표의 우선순위 및 행동 반경을 설정해주고, 신호대책을 구체화시켜 주었다면 워털루 전투의 결과는 달라졌을 것이다. 구체적이고, 성취 가능하며, 시공간적 제한사항이 명확한 목표는 전쟁의 승패를 좌우하는 중요한 요소이다. 한때 천하를 호령하던 나폴레옹의 꿈은 명확한 목표 제시의 실패로 인해 역사 속으로 사라져 간 것이다.

1 목표란 무엇인가?

1) 목표는 무엇인가?

목표는 한 개인이나 조직이 궁극적으로 달성해야 할 이상적인 상태이다. 개인적인 측면에서 본다면 자신의 삶을 통해서 궁극적으로 실현하고 싶은 가치가 목표가 될 것이다. 그 목표는 삶의 지향점이자 생의 의미를 나타내는 지표가 된다. 집단의 측면에서 본다면 목표는 그 조직이 존재하는 이유이자, 조직 효과성을 측정하는 지표가 된다.

2) 목표의 중요성

우리가 삶을 살아가면서 목표를 세우고 구체적인 행동단계를 수립한다면 새롭고 멋진 인생을 누릴 수 있다. 무엇을 해야 할지, 어디로 가야 할지 망설이는 동안 시간은 흘러간다. 통상 젊은이들에게 "앞으로 어떻게 생활을 할 것인가?" 혹은 "대학 졸업 후에 무엇을 할 것인가?"라고 질문하면 뚜렷한 계획이 없다고 한다. 그들은 "대학생활을 누리다 보면 어떻게 되겠지요", 혹은 "대학을 졸업하고 사회에 나가면 뭔가 할 수 있겠지요"라고 답하는 것이 일반적이다. 따라서 그들에게는 "목표를 세워라. 젊은 시절 10년은 나이 먹어 30년보다 더 중요하고 값지다. 지금 당장 모든 것들이 이루어진다는 보장은 없지만, 목표를 세우지 않는 것보다는 훨씬 큰 효과를 거둘 것이다"라고 말하고 싶다.

"너의 목표는 무엇이지?" 그들은 "목표요? 회사 취직 잘해서 돈 벌고 출세하는 것이지요"라고 서슴없이 답한다. 사실상 이것은 아주 무미건조하고 막연한 목표이다. 많은 사람들이 목표의 개념을 이해하지 못하고 있음이 여실히 드러나는 말이다. 주변에 지식이 풍부한 사람들도 상당수는 목표의 개념을 명확하게 이해하지 못하고 있다. 현실적으로 우리가 목표의 뜻을 다 알고 이해하는 것 같아도 막상 질문하면 정확하게 설명을 못하는 경우가 대부분이다.

목표설정의 중요성: 인생은 속도가 아니고 방향이다

사실 목표의 중요성은 아무리 강조해도 지나침이 없다. 우리의 삶은 크고 작은 목표들로 구성되어 있다. 우리는 목표와 더불어 사는 것이다. 그렇기에 '목표는 내 삶의 일부분이며 속도가 아닌 방향이고 지표'라고 할 수 있다.

명확한 목표를 세워야 한다

따라서 우리는 역량을 집중하여 명확한 목표를 세워야 한다. 인생의 첫 발짝을 내디디는 마음의 자세처럼 중요한 것은 없다. 산다는 것은 꿈을 갖는 것이다. 꿈을 갖는다는 것은 높은 이상과 올바른 목표를 세우고 그것을 성취하려고 부단히 노력하는 것이다. 그리고 그것이 삶의 전부여야 한다.

사람은 이루어야 할 목표가 뚜렷할 때 집중적으로 힘을 발휘하여 일할 수 있다. 목표가 막연하면 어디에 자신의 힘과 자원을 집중할지 혼란을 일으키게 되고 결과도 기대하기 어려워진다. 심리학자인 아리 · 키브 박사는 "명확한 목표를 가진 사람은 혼란한 상황 속에서 발생하는 모든 어려움을 성공적으로 극복할 수 있다"고 했다. 목표가 어떻게 그런 효과를 가져다주는가? 명확한 목표는 인생에 있어서 방향감각을 갖게 하고 균형된 삶을 살게 해주기 때문이다. 목표는 하찮은 정신적 갈등을 극복하게 해주며, 삶의 미래와 기대감의 확신 속에서 항상 즐거운 마음으로 일을 성취하게 해준다. 그 결과로 심리적인 안정은 물론이고 목표 실행과정에서 매사에 서두르거나 조급한 마음으로 인해 실수하지 않도록 중심을 잡아주기 때문이다.

2 나의 목표수준은?

1) 목표진단

한 사람의 목표수준을 진단한다는 것은 쉽지 않다. 그럼에도 불구하고 자신이 어느 정도 명확한 목표를 설정했는지를 점검하지 않고 방치하는 것은 대단히 현명하지 못하다. 따라서 본 저서에서는 독자들로 하여금 스스로의 목표수준을 점검할 수 있도록 돕고자 하는 목적으로 다음의 진단표를 제공했다.

여기에 제시된 진단표는 여러 가지 목표를 지향하는 것에 대해 각각 열다섯 문항으로 구성되어 있다. 각 문항에 대해 '명확(5점)', '충족(4점)', '보통(3점)', '미미(2점)', '부족(1점)' 등 5개의 척도 중 하나에 응답하도록 되어 있다. 각 가치별로 1점씩 총 75점 만점으로 채점을 한다. 본 진단표는 필자가 주도하는 창의교육팀에서 교육학, 경제학, 정치학 등 각 분야의 전문가들이 개발했고, 청소년 및 대학생들을 대상으로 반복적인 측정을 실시하여 신뢰도와 타당도가 확보되었다.

목표 진단표

문항	세부 내용	해당 점수				
		명확 5	충족 4	보통 3	미미 2	부족 1
1	• 나는 인생 목표가 있다.	□	□	□	□	□
2	• 진로를 항상 염두에 두고 있다.	□	□	□	□	□
3	• 하루하루 계획대로 산다.	□	□	□	□	□
4	• 부모님의 적극적인 통제가 없다.	□	□	□	□	□
5	• 스스로 계획을 수립하였다.	□	□	□	□	□
6	• 친구들이 나의 계획을 모방한다.	□	□	□	□	□
7	• 살아가면서 즐거움이 많다.	□	□	□	□	□
8	• 통제된 삶이기보다는 자율적이다.	□	□	□	□	□
9	• 나는 실천적인 스타일이다.	□	□	□	□	□
10	• 말보다는 행동이 앞선다.	□	□	□	□	□
11	• 계획을 구체적으로 세우고 실천함.	□	□	□	□	□
12	• 책상 앞에 계획표가 붙어 있다.	□	□	□	□	□
13	• 스스로 포기한다는 생각을 해본 적이 없다.	□	□	□	□	□
14	• 미래지향적인 삶을 살아간다.	□	□	□	□	□
15	• 하루하루의 일상을 계획대로 실행한다.	□	□	□	□	□

위 진단표에 따라서 총점을 계산한 이후 다음 준거표에 의해서 그 결과를 해석할 수 있다.

해석 준거표

점수 구간	판정	해석
65~75	매우 우수	해당 항목의 가치를 매우 우수하게 행동화할 수 있으며, 목표가 뚜렷하고 실천적인 스타일
50~64	우수	해당 항목의 가치의 중요성에 대해 인식하고 있으며 노력하고 실천하는 자세가 있어 목표지향적 방향으로 가기 위한 조건이 양호함
35~49	보통	해당 항목의 가치의 중요성에 대해 어느 정도 인식하고 있으나 목표가 없고 더욱 노력해야 하는 스타일
20~34	취약	해당 항목의 가치의 중요성에 대해 인식하고 있지 않으며 목표를 재정립하고 더욱더 자신을 가다듬어야 할 스타일

위 표에서 제시한 바와 같이 65~75점의 범위에 있는 사람은 스스로 뚜렷한 목표를 정립하고, 그 목표를 달성하기 위한 계획을 가지고 실천하고 있는 유형이다. 그리고 50~64점 범위에 있는 사람들은 목표정립 수준이 높은 편이나 이를 위한 구체적인 실천계획이 부족한 유형이다. 또한 35~49점 범위에 있는 사람들은 목표의식이나 실천계획이 뚜렷하지 않는 유형으로서 목표를 세우고, 실천계획을 수립하기 위해 많은 노력이 필요한 유형이다. 마지막으로 20~34점 범위에 있는 사람들은 목표의식이 가장 불분명한 유형으로서 스스로의 장·단점, 장래희망, 소질 등 자신에 대해 전반적인 성찰이 필요한 유형이다. 이 범위에 있는 사람들은 자신에 대한 성찰을 기반으로 삶을 통해 실천하고 싶은 가치를 정립하고, 구체적인 실천계획을 정립해야 한다. 이상의 모델을 완성하기 위해서는 명확한 상황 파악과 자료수집, 판단, 목표수립, 실

천 그리고 습관화를 통하여 각 생활영역에서 자신의 행동습관을 반성하고 실천계획을 수립하여 부단히 실천하여야 할 것이다.

앞의 준거표는 목표지향적 자기계발을 위한 사관생도와 사관캠프에 참가한 중, 고, 대학생들을 대상으로 한 예비검사를 토대로 작성된 것이다. 그러므로 자신이 위 네 가지 판정 기준에서 어디에 해당하는지 점검할 수 있다. 물론 그 사람이 위 판정 기준에서 '매우 우수'를 받았다고 해서 해당 항목의 가치를 완전하게 생활에서 실천하는 목표지향적인 사람이라고 하기는 곤란하다. 일반적으로 판단과 행동은 서로 다른 문제일 수 있기 때문이다. 그러나 자신이 정직하게 응답한 결과에 따라 '매우 우수' 판정을 받았다면 그 사람은 해당 가치를 생활에서 실천하기 위한 기본적인 준비와 자질은 갖춘 것으로 보아야 한다. 그리고 우수 이하의 판정을 받은 사람은 스스로 노력해야 하고 자신의 목표를 명확히 할 필요가 있다. 특히 '보통'과 '취약' 판정을 받은 사람은 어떻게 목표지향적인 자기관리를 할 것인가를 재고하여야 한다. 이를 위해서 현실을 냉철히 판단하고 자기 노력을 열심히 해야 할 것이다. 다음과 같은 자기주도 모델을 통하여 이러한 실천을 더욱 구체화시킬 수 있다.

① 상황파악		② 자료수집		③ 판단
진단표를 통해 각 가치에 대한 자신의 판단 및 주변 여건을 판단	⇨	삶의 목표와 방향에 따라 각종 자료를 수집하고 정리	⇨	수집된 자료를 바탕으로 목표 설정을 위한 판단을 함
⇧				⇩
⑥ 습관화		⑤ 실천		④ 목표수립
실천계획을 습관화하여 지속적으로 수행되도록 여건 수립	⇦	목표달성을 위한 실천계획을 수립	⇦	판단을 근거로 목표를 수립하여 단계별로 구분

목표지향을 위한 자기주도 모델

3 목표설정의 장애요인

1) 개인적 요인

(1) 인생목표에 관한 교육 부재

우리나라의 학교교육에서는 자신의 삶을 통해 실현하고자 하는 목표의 중요성을 인식시키고, 그 목표를 달성하기 위한 실천계획을 정립하는 노력의 중요성에 대한 교육이 거의 없다. 다만 학부모, 교사, 학생들 모두 "명문대학에 입학하면 행복할 것이다"라는 매우 막연한 생각만을 가지고 있을 뿐이다. 현실이 그렇다 보니 대학에 입학한 이후에도 적성에 맞지 않아 중도에 학업을 포기하거나, 재수 혹은 반수를 준비하는 학생이 많이 발생하고 있다.

(2) 적당주의와 기회주의 심리

물론 어린 나이에서부터 꿈을 키우고 소신 있게 그 꿈을 실현하기 위해 노력하는 학생들도 많지만, 상당수의 학생들이 장래를 위해 고민하기보다는 상황에 맞게 적당하게 살아가려는 태도를 보이고 있다. 청소년들에게서 나타나는 적당주의는 멀리 보고 실천하라는 가르침보다는 당장 눈앞의 시험에서 좋은 점수를 받도록 강요하는 부모와 교사들로부터 출발한다. 삶의 원대한 목표와 이상(理想)이 없다 보니 당장 눈앞에 보이는 이익만을 찾아서 살아가며, 때로는 그 이익만을 위해 비윤리적 행동도 서슴없이 자행하는 것은 어쩌면 당연한 결과일지도 모른다.

(3) 일시적 쾌락주의

목표가 없는 인간에게 나타나는 보편적인 현상은 일시적 쾌락주의이다. 원대한 목표를 실현하기 위해 당장의 고통을 참고 이겨나가는 노력은 기대하기 어려울 수밖에 없다. "내일은 없으니 오늘 즐기자"는 쾌락주의는 역사적 사실로 규명해볼 때 이상이 없는 민족에게는 보편적으로 나타나는 현상이었다. 로마시대를 회상해보면 초창기에는 유럽세계의 정복이라는 목표가 있었기에 시민군의 강한 단결력을 바탕으로 팍스로마나(Pax Romana: 로마에 의한 평화)를 실현할 수 있었다. 그러나 제정시대 말기에는 지도자들로부터 평민에 이르기까지 개개인이 살아가는 행복의 목표와 인생의 참된 목표를 상실하여, 육체적, 정신적 타락과 향락주의에 탐닉하여 결국 패망하게 되었다.

(4) 도피주의

사실 원대한 목표는 쉽게 이루어질 수 없다. 목표를 달성하기 위해서는 수많은 난관들을 극복해야 한다. 그렇지만 요즘 청소년들은 어려움을 극복하기보다는 회피하거나 적당히 타협하려는 경향들이 많이 있다. 애초부터 어려움이 따르는 목표를 세우기보다는 쉬운 방법으로만 살아가려는 경향이 있다.

(5) 현실타협주의

우리 청소년들은 사실 너무나 바쁘다. 이른 아침에 일어나서 학교에 갔다가 밤늦게까지 학원수업에 매달린다. 이들은 당장 시험에서 좋은 점수를 받으려고 공부하기에 집중하다 보니 멀리 내다보고 목표를 세울 시간이 없다. 청소년들은 학교에서 좋은 성적을 받기만을 학수고대하는 부모님과 교사의 압력에 타협하여 목표정립을 미루거나, 부모의 기대에 타협하려는 경향이 강하다.

(6) 기분 행동파

목표가 있지만 기분에 따라 쉽게 바뀌는 경우도 많다. 물론 어린 나이에는 쉽게 목표가 바뀔 수도 있다. 왜냐하면 아직 경험이나 정보가 부족하여 합리적인 판단을 할 만한 능력이 부족하기 때문이다. 문제는 대학생이 된 이후에도 명확한 목표를 세우지 못하거나, 쉽게 목표가 바뀌는 유형들이 많다는 점이다. 이런 유형의 청소년들은 기분에 따라 이것저것 시도해보다가 중도에 포기하는 경우도 많다.

2) 사회적 요인

(1) 집단사고에 맹종

청소년들은 또래집단의 압력과 기대에 쉽게 흔들릴 수 있다. 또래들이 특정 연예인을 좋아하면 자신도 무조건 그 연예인을 좋아하곤 한다. 목표를 세우는 것도 마찬가지이다. 주변의 압력에 대한 비판의식이 없이 또래나 부모의 기대에 따라 부화뇌동하여 별 문제의식 없이 따라가다 보니 성찰을 통해서 정립된 자신만의 목표가 없게 되는 것이다.

(2) 목표 관리 멘토의 부재

훌륭한 삶의 모델이 주위에 있다면 그 사람은 참으로 운이 좋다. 많은 청소년들에게 진지하게 목표를 설정하고 목표를 달성하기 위해 역경을 극복하는 모습을 보여주는 멘토가 없는 것도 청소년들에게서 나타나는 목표 부재의 원인 중 하나이다.

(3) 목표관리의 중요성에 대한 공감대 형성 미흡

목표를 설정하고 실천하는 노력이 있더라도 주위 사람들이 옛날 방식대로 하루하루 살아간다면 자신도 동화될 수밖에 없다.

(4) 정보화 기술 의존도의 심화

정보화 기술의 발달로 사람들은 의사결정의 많은 부분을 컴퓨터에 의존하고 있다. 물론 정보화 기술은 산술적 오류를 상당부분 줄여주지만 근본적인 목표를 정립해주지는 않는다. 그런데 사람들은 점점 정신적으로 나태해져서 목표마저도 컴퓨터가 정립해주기를 바란다. 새해가 되면 컴퓨터를 통해 점을 치는 사람이 너무나 많다거나, 소위 '성격진단' 프로그램을 통해 장래목표를 설정하는 학생들이 늘어나는 것을 증거로 볼 수 있다.

(5) 황금만능주의

몇 해 전 모 회사의 TV광고 중 "부자 되세요!"라는 문구가 있었고, 그 광고 문구는 매우 인기가 있어서 세간에 회자되었다. 그런데 그 문구를 자세히 살펴보면 "어찌되었든 돈만 많이 벌면 그만이다"라는 황금만능주의를 반영한 것은 아닌지 생각하게 된다. 가치 있는 목표를 세우고 이를 실현함으로써 보람찬 인생을 살기보다는 무엇을 하든 돈만 많이 벌어서 부자가 되면 그만이라는 사고방식이 청소년들의 건전한 사고를 좀먹고 있다.

3) 문화적 요인

(1) 낙하산식 인사배정과 한탕주의

우리 사회에는 목표를 세우고 땀 흘려 일해서 그 목표를 이루기보다는 복권, 부동산, 주식 등으로 벼락부자가 되겠다는 풍토가 만연되었다. 이런 풍토 때문에 자라나는 청소년들도 영향을 받아 가치와 이상을 실현하는 삶보다는 한탕주의로 쉽게 살겠다는 생각을 갖게 되었다.

(2) 무사안일주의

우리 사회에는 새로운 일에 도전하기보다는 현재에 만족하면서 안일한 삶을 원하는 풍조가 있다. 부모로부터 물려받은 유산을 누리며 무사안일주의로 살려는 청소년들이 늘어가고 있다.

4 목표지향적 자기계발

인간은 앞에서 지적한 것처럼 개인적, 사회적, 그리고 문화적 요인으로 인해 자신의 명확한 인생목표를 선정하기가 대단히 어렵다. 실제로 필자가 여러 대학을 대상으로 설문조사를 한 결과 90% 이상의 학생들이 명확한 인생목표가 없었다.[1]

이런 현상은 비단 우리만의 문제가 아니다. 세계 제일의 명문대학이라고 하는 하버드대학의 학생들도 명확하고 장기적인 목표를 가진 학생이 3%에 불과하다는 연구결과가 있다. 시험결과 단지 3%의 학생만이 명확하면서도 장기적인 목표를 갖고 있었으며, 10%의 학생은 목표가 있지만 단기적인 목표라고 응답하였으며, 60%의 학생은 희미한 목표를 가지고 있었고, 나머지 27%의 학생은 인생목표가 없었다.[2]

그런 후 이들을 25년 동안 지속적으로 추적 연구한 결과 놀라운 사실을 발견하게 되었다. 우선 명확하고 장기적인 목표가 있던 3%의 학생들은 25년 후 사회 각계에서 최고의 인사가 되어 있었으며, 10%의 단기적인 목표를 가졌던 학생들은 대부분 사회의 중상위층 전반에서 나름대로 전문가로서 활동하고 있었다. 그리고 목표가 희미했던 60%는 대부분 중하위층에 머물러 있었다. 마

[1] 이는 2010년 사관캠프에 참가한 고등학생 및 대학생들을 대상으로 실시한 설문결과이다.

[2] 모치즈키 도시타카 저, 은영미 외 1명 역, 『보물지도』, 서울: 나라원, 2009.(참조 재인용)

지막으로 목표가 없었던 27%의 학생들은 취업과 실직을 반복하면서 최저생활을 하고 있었다. 이처럼 명확한 인생목표를 설정한다는 것은 매우 어려우며, 전 세계가 극복해야 하는 문제인 것이다.

그렇다면 어떻게 하면 명확한 인생목표를 세울 수 있을까? 필자는 오랜 시간 동안 이 문제를 고민하면서 나름의 해결방법을 찾게 되었다. 그것은 바로 「목표지향적 자기계발 프로그램」이다. 이 프로그램은 자신에게 적합한 인생목표를 세우는 방법을 제시하고, 이를 행동화, 습관화시켜 결국에는 자신의 성격으로 승화시키는 일종의 시스템이다. 이때 가장 중요한 것은 "내가 인생목표를 세워야겠다", "이것을 위해 꾸준히 노력해야겠다"라는 당위성을 깨닫는 것인데, 이를 위해서는 지식습득을 통한 생각의 변화가 선행되어야 한다는 것이다.

졸업 당시와 25년 후 재조사 결과.

목표와 구체적 계획을 기록해서 가지고 있던 3%가
나머지 97%보다 높은 지위와 10배 이상의 부(富) 영위

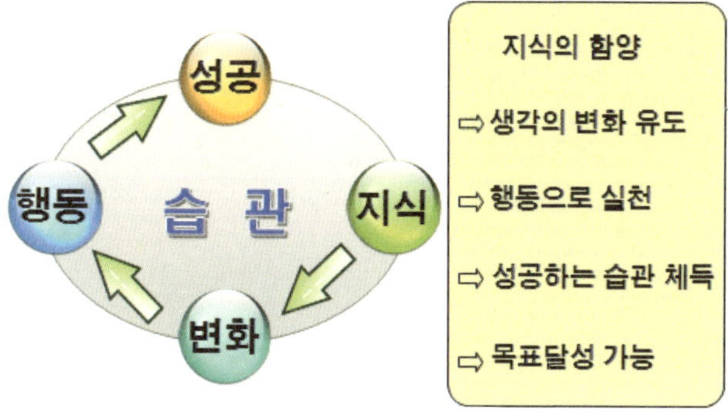

이를 요약하면 「목표지향적 자기계발 프로그램」은 '목표설정 → 생각의 변화 → 행동화 → 습관화 → 성격화' 순으로 적용됨을 알 수 있다. 지금부터 각 적용절차에 대해 구체적으로 알아보도록 하자.

1) 목표설정

목표는 자신에게 잠재되어 있는 무한한 노력을 이끌어내어 자신의 원대한 목표를 실현하게 하는 촉매제임과 동시에 자신감과 자존감을 가져다주는 에너지이다. 즉 목표라는 것은 자신을 이끄는 힘이 있으며, 목표가 명확하면 할수록 그 추동력은 배가되는 것이다.

명확한 인생목표를 설정하기 위해서는 목표설정의 원칙과 준칙을 고려해야 한다. 첫 번째로 목표설정의 원칙은 다음과 같다.

(1) 목표설정 시기가 빨라야 한다.

성인은 이미 자신의 삶의 방식에 고착되어 사고의 융통성이 제한된다. 그 결과 성인은 목표를 달성하기 위한 속도에만 집착하지 그 방향이 옳은지에 대해서는 간과하기 쉽다. 반면 어린이의 경우 자아 정체성이 고착되지 않았기 때문에 설령 목표달성 방향이 잘못되었다 할지라도 수정이 가능하다. 따라서 인생목표 설정은 속도가 아니라 방향이 중요한 것이다.

(2) 목표는 자신이 좋아하는 것보다 잘하는 것을 설정해야 한다.

야구장에 가면 수많은 팬들이 있다. 그 중에는 여성 팬들도 많다. 여성 팬들은 야구를 좋아하기 때문에 야구장을 찾는 것이지만 그들이 정작 야구를 잘하기 때문에 그곳에 오는 것은 아니다. 반면에 그라운드에서 뛰는 야구선수들은 야구를 좋아하기도 하지만 야구를 잘하기 때문에 선수가 된 것이다. 여기서 여성 팬들과 야구선수의 본질적인 차이점은 전자는 야구를 여가로 생각하여 좋아하지만, 후자는 야구가 직업이기 때문에 야구를 잘한다는 것이다. 인생목표 설정도 마찬가지다. 인생목표는 한 사람의 인생과 직결된 문제이므로 좋아하는 것보다는 자신이 잘하는 것을 설정해야 한다.

(3) 목표는 Top-down 방식(大→中→小)으로 설정해야 한다.

한 교수가 커다란 항아리를 가져다가 큰 돌을 꽉 채우면서 학생들에게 퀴즈를 냈다. "무엇인가 더 넣을 수 있습니까?" 그러자 학생들이 "없습니다"라고 대답했다. 다시 교수는 자갈마대를 꺼내더니 항아리에 부었다. 그리고는 또 물었다. "또 무엇인가 더 넣을 수 있습니까?" 그러자 학생들이 또 "없습니다"라고 대답했다.

이번에는 모래주머니를 꺼내 항아리에 부었다. 그리고 “또 무엇인가 더 넣을 수 있습니까?”라고 물었다. 그러자 이번에도 학생들이 “없습니다”라고 대답했다. 다시 교수는 항아리에 물을 부었다. 그러자 학생들은 신기한 듯 항아리를 쳐다보았다.[3]

이 이야기는 인생목표 설정에도 순서가 있다는 의미이다. 큰 돌, 자갈, 모래, 물 모두를 항아리에 채우기 위해서는 큰 것부터 작은 것 순으로 항아리를 채워야 한다는 것이다. 이것을 인생목표에 비유한다면 “사람은 우선 자신의 인생목표(大)를 설정하고, 그 다음에 인생목표를 단계적으로 달성할 수 있는 생활목표(中)를 설정해야 하며, 이를 계획적이고 실천적으로 실행할 수 있는 중간목표(小)를 설정해야 한다”는 의미이다. 따라서 인생목표를 최우선적으로 설정해야 하는 것이다.

[3] 요한네스 휘거 저, 이민수 역, 『행복한 인생을 만드는 시간의 기술』, 서울: 들녘, 2006.(참조 재인용)

두 번째로 목표설정의 준칙은 다음과 같다. 목표라는 것은 가시화될 때 의미가 있는 것이다. 그렇지 않으면 꿈에 불과한 것이다. 따라서 "목표는 구체적이어야 하며, 실천과정 하나하나가 측정 가능해야 하고, 설정된 목표는 성취가 가능해야 한다. 아울러 목표는 지나치게 이상적이지 않고 현실적이어야 하며, 목표 달성 기간을 정해서 실천에 옮겨야 한다"[4]는 것이다. 이 준칙들은 개인이 인생, 생활, 중간목표를 구체적으로 설정하는 데 도움이 되며, 자신의 현재 목표달성 실태를 평가하는 요소로도 사용될 수 있다.

명확한 인생목표 설정을 위한 SMART 5

[4] 이민규, 『1%만 바꿔도 인생이 달라진다』, 서울: 더난출판사, 2003, p. 55.

2) 생각의 변화

인생목표를 설정했다면 다음은 자신의 생각을 변화시킬 차례이다. 새무얼 스마일즈(Samuel Smiles)라는 영국의 문호가가 "생각을 바꾸면 행동이 바뀌고, 행동이 바뀌면 습관이 바뀌고, 습관이 바뀌면 인격이 바뀐다"라는 말을 했다.[5] 우리가 이 문구에 주목해야 하는 이유는 바로 인생목표는 기존의 생각, 행동, 습관, 그리고 인격을 바꾸지 않으면 결코 달성할 수 없기 때문이다.

필자는 사무엘 스마일스의 자조론을 바탕으로 아래 그림과 같이 인생목표 달성을 위한 하나의 체계를 구축하였다. 그리고 오랜 연구를 통해 이 틀의 시발점인 생각의 변화에 시동을 걸어주는 핵심요소(Key Point)가 지식이라는 사실을 발견하였다. 왜냐하면 지식은 부정적인 생각을 긍정적인 생각으로 바꾸어주고, 좁고 얕은 생각을 넓고 깊은 생각으로 바꿔주는 핵심이기 때문이다.

[5] 새무얼 스마일즈 저, 김유신 역, 『새무얼 스마일즈의 자조론』, 서울: 21세기북스, 2005.

그렇다면 여기서 강조하는 지식이란 무엇인가? 여기서 강조하는 지식은 자신의 목표를 달성하기 위해 필요한 지식을 의미한다. 현재 자신의 목표가 판사라면 사법고시에 관련된 지식이 필요하다는 의미이다. 그래서 필자는 이 지식을 '인생목표 지향적 지식'이라고 명하고 싶다.

3) 행동화

다음은 행동화(Do it now) 단계이다. 행동화는 구체적인 실천궁행(實踐躬行)의 정신과 추진력을 의미한다.

생각만 있으면 아무런 소용이 없다. 당장 행동화하는 실천이 매우 중요하다. 실천이 수반될 때 목표는 달성될 수 있는 것이다. 행동이 뒤따르지 않는 목표는 무용지물이기 때문이다. 다음 일화는 우리에게 행동화의 진정한 의미를 일깨워준다.[6]

> 미국의 고등학교에서 제니라는 선생님이 칠판에 "만일 3일 후에 죽는다면"이라는 강의제목을 적었습니다.
> 당장 하고 싶은 일이 뭔지 3가지씩만 다 적어보라는 것이었습니다. 한동안 시간이 흐른 뒤 선생님은 학생들의 이야기를 한 사람씩 듣기 시작했습니다. 그런데 죽음을 맞이한 학생들의 소망은 뜻밖에도 다들 평범했습니다.
> "여행을 가겠다."
> "기가 막히게 맛있는 것을 먹어보겠다."
> "싸우고 토라진 친구와 화해하겠다."
> "고향에 계신 부모님께 전화를 하겠다."
> 바로 그때 제니 선생님이 칠판으로 다가서더니 단 한마디를 썼습니다.
> "DO IT NOW!" (바로 지금 하세요)
> "죽음이 눈앞에 닥칠 때까지 미루지 말고, 지금 당장 그 모든 일을 실천하며 살라고, 여러분 목표를 세웠으면 Do it now 실천하세요!"
> "행동화하세요!" 그리고 "지속적으로 실천하세요!"

[6] "TV 동화 행복한 세상" 중에서.

그리고 행동화를 지속적으로 이어주기 위해서는 인내와 끈기가 필요하다. 인도 캘커타에서 '사랑의 집'을 운영하면서 가난한 사람들에게 빵과 우유를 나눠준 마더 테레사 수녀는 1979년 노벨평화상을 받았다. 노벨평화상을 받는 자리에서 그녀는 "제가 한 일은 아무것도 없습니다. 누구나 할 수 있는 일입니다. 그러나 그 일을 40년 동안 계속 했다는 것을 세계가 인정해준 것뿐입니다"라는 의미심장한 말을 남겼다. 목표와 계획이 수립되면 지속적으로 실천하는 행동화가 중요하다는 점이 강조된 사례이다.

아울러 지속적인 노력은 보이지 않는 큰 변화를 가져온다. 사실 숫자적으로 99와 1의 차이는 큰 의미가 없다. 그러나 물이 수

증기가 되려면 100℃가 되어야 한다. 0℃의 물이건 99℃의 물이건 끓지 않는 것은 마찬가지이다. 그렇지만 그 차이는 무려 99℃가 되는 것이다.[7]

물이 수증기가 되어서 자유롭게 날아가려면 100℃가 되어야 하는데 99℃에서 100℃까지는 1도 차이이다. 우리는 99℃까지 올라가고서도 1을 더하지 못해 포기한 적이 없는지를 자문해보아야 한다. 99의 노력을 다하고도 1이 부족하여 100을 이루지 못한다면 얼마나 억울할까?

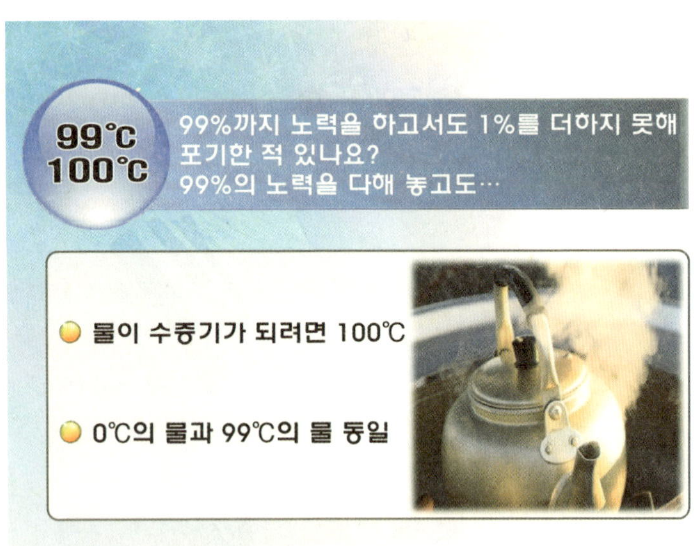

[7] 송양민, 『너와 나누고 싶은 이야기가 있다』, 서울: 21세기북스, 2003.(참조 재인용)

4) 습관화

나는 누구일까요? 맞춰보세요.

- 나는 당신의 영원한 동반자입니다.
- 나는 당신을 성공으로 인도하기도 하고 실패의 나락으로 끌어내리기도 합니다. 그러나 나는 전적으로 당신이 하는 대로 그저 따라갑니다. 그렇지만 당신의 행동 중 99%가 나에 의해서 좌우됩니다. 나는 위대한 사람의 하인이 될 수도 있고 실패한 사람들의 주인이기도 합니다. 나를 훈련시키십시오. 나를 확실하게 당신의 것으로 만든다면 나는 당신의 발 앞에 이 세상을 가져다줄 것입니다.
- 나는 누구입니까?[8]

정답은 바로 '습관'입니다.

습관은 우리가 반복적으로 하는 행동이다. 그러나 우리는 이런 습관이 일상에 존재한다는 사실을 잘 알아차리지 못하고 살고 있다. 우리가 어떠한 습관을 가지고 있느냐에 따라 삶 자체가 행복해지기도 혹은 망가지기도 한다. 규칙적으로 습관화하는 것도 바로 우리 자신이기 때문이다.

여러 연구결과에 의하면 습관은 각고의 노력이 필요하다. 제인 와들(Jane Wardle) 박사는 여러 임상실험을 통해 한 사람이 어떠한 습관을 들이려면 일반적으로 18일에서 254일이 필요하다는 연

[8] 잭 D. 핫지 저, 김세중 역, 『습관의 힘』, 서울: 아이디북, 2004.

구결과를 발표했다.[9] 필자도 『목표지향적 자기계발 프로그램』을 연구한 결과 이를 습관화하기 위해 약 100일의 시간이 소요되었다.

일본 '소니'의 전신인 도쿄통신주식회사 사장이었던 이부카 마사루 회장의 '유치원에서는 너무 늦다'라는 책에서도 습관의 중요성을 강조하고 있다.[10] 그는 이 책에서 "습관은 밧줄과 같은 것이기 때문에 처음에는 가는 실 하나하나를 엮어서 밧줄을 만드는데, 실 하나하나는 힘이 없다. 한두 가닥의 실은 손으로도 얼마든지 끊을 수 있지만 줄다리기를 할 때 쓰는 마닐라 로프처럼 굵은 밧줄이 됐을 때에는 쉽게 끊을 수가 없다"라고 습관의 특성을 설명했다. 그리고 그는 "습관이란 처음에는 자신이 만들지만 나중에는 습관이 자기를 만들어 가게 된다"라고 역설하였다. 동시에 그는 "좋은 습관은 궁극적으로 좋은 생각에서 시작된다"라고 강조하여 자조론을 주창한 사무엘 스마일스와 그 맥을 같이하고 있다. 즉 생각은 곧 행동을 유발하고 행동이 지속됐을 때 습관화가 된다는 것이다. 따라서 우리는 좋은 생각을 바탕으로 좋은 습관을 들이도록 노력해야 하며, 결코 우리의 인생을 나쁜 습관의 노예로 전락시켜서는 안 될 것이다.

• 습관과 관련된 명언
성공하려고 노력하지 말고 습관을 고치기 위해 노력하라

[9] 자세한 내용은 Jane Wardle 박사가 2010년에 발표한 "How are habits formed: Modelling habit formation in the real world"를 참조.
[10] 아부카 마사루 저, 홍영의 역, 『유치원에서는 너무 늦다』, 서울: 플러스마인드, 2009.

습관은 제2의 천성
세살 버릇이 여든까지 간다

- 나쁜 습관(유혹)에서 벗어나는 방법
  1. 유혹이 있는 상황을 미리 피해가라.
  2. 자신의 행동이 가져올 결과를 생각하라.
  3. 자신이 이루고자 하는 목표를 생각하라.
  4. 항상 긍정적으로 생각하라.
- 좋은 습관을 들이는 방법
  1. 진실하고 겸손하라.
  2. '나'보다 '우리'를 위해 노력하라.
  3. 변치 않을 비전과 목표를 제시하라.
  4. '책'을 많이 읽어라.

5) 성격화

습관이 지속되면 그것은 그 사람의 성격으로 승화된다. 사실 나쁜 습관은 의지와 상관없이 쉽게 생기지만, 좋은 습관이란 의지적인 노력 없이는 가지기 힘들다. 목표를 향해 전진하는 좋은 습관이 형성되면 그것을 자신의 성격으로까지 승화시켜야 한다. 이를 위해 다음과 같은 노력이 필요하다.

(1) 가치부여

목표를 실현해 나가는 습관에 자신만의 가치를 부여해야 한다.

"나는 왜 이것을 하는가?", "이것을 했을 때 나와 사회, 국가에는 어떤 기여를 할 수 있는가?" 하는 의문을 제기하고, 이에 스스로 답하는 과정에서 습관에 가치를 부여할 수 있다. 그 가치는 개인이 왜 특정행동을 지속하는지에 대한 동기(motivation)로 작용한다.

(2) 성격으로 승화

습관이 지속되고, 이에 대한 가치부여가 지속되면 그 행동은 개인의 인격, 즉, 사람됨으로 승화된다. 물론 인격은 타고나는 부분도 있으나, 개인의 노력에 의해 형성되는 부분이 크다. 이를 이른바 인격수양의 과정이라고 부른다.

(3) 자기성찰

인격으로 승화된 목표지향적 행동이 과연 가치 있는 것인지 성찰이 필요하다. 스스로는 어떤 행동이 자신과 공동체에 이익을 가져다준다고 믿었지만, 실제로는 정반대의 결과를 가져올 수도 있기 때문이다. 예를 들어, 스크루지의 경우 근검절약을 습성화시켰고, 그것은 인격으로까지 승화되었다. 개인적인 차원에서 볼 때 스크루지의 근검절약은 그를 부자로 만들어 주었고, 회사의 번영을 이루는 데 밑거름이 되었다. 그러나 그의 병적인 인색함으로 인해 주위 사람들은 큰 고통을 받았다. 따라서 그의 절약습관을 결코 가치 있다고만 볼 수는 없다. 그러므로 목표 자체가 가치가 있어야 할 뿐만 아니라 그 목표를 이루는 과정 역시 사회에 기여하는 방향에서 실행되어야 한다.

5 목표지향적 자기계발 Work-book

「목표지향적 자기계발」은 각 개인에게 인생목표, 생활목표, 그리고 중간목표를 설정하게 하여 꿈을 현실화시키고, 5년, 10년, 20년까지의 인생 로드맵을 설계하도록 지도하는 자기 주도적 목표 가시화 프로그램이다. 「목표지향적 자기계발」의 적용순서는 우선 인생, 생활, 중간목표를 설정한 후에 인생 로드맵을 작성한다. 그 후 중간목표를 달성할 수 있도록 주간계획서를 작성하고 매일 일정 시간을 투자하여 자기계발을 실시한다. 마지막으로 주간 단위로 성과분석을 통해 스스로 반성하게 하고, 다음 주의 자기계발에 환류(Feedback)시킨다.

① 인생, 생활, 중간목표 설정

⇩

② 인생 로드맵 작성

⇩

③ 주간계획서 작성

⇩

④ 일일 자기계발 계획 실행

⇩

⑤ 성과분석 및 환류

지금부터 「목표지향적 자기계발」의 적용절차를 구체적으로 살펴보도록 하겠다. 독자의 이해를 쉽게 하기 위해 공공기업의 최고 CEO가 되고자 하는 대학교 1학년생을 「목표지향적 자기계발」의 주인공으로 삼고자 한다. 또한 각 단계별로 구체적인 설명과 독자 자신이 직접 실습해 볼 수 있도록 「목표지향적 자기계발 Work-book」을 제시하도록 하겠다.

1) 인생, 학교생활, 중간목표의 설정

목표지향적 자기계발 프로그램은 인생목표를 달성하기 위한 체계적이고 과학적인 과정이다. 따라서 목표지향적 자기계발 프로그램을 적용하기 위해서 가장 중요한 것은 진지한 자기성찰을 통해 인생목표를 명확히 설정해야 한다. 인생목표는 개인의 인생과 직결되는 문제이기 때문에 '부자', '사장', 그리고 '선생님'과 같은 막연한 것을 지양하고, 자신의 재능, 전공, 그리고 가정환경 등을 총체적으로 고려하여 '○기업 사장', '○학과 석좌교수'와 같이 구체적으로 설정해야 한다. 그리고 인생목표를 설정함에 있어 유의사항은 다음과 같다.

- 인생목표는 자신이 가장 잘하는 것을 완성하는 최고의 단계로 설정한다.
- 인생목표는 추상적이지 않고 구체적인 직위나 직책으로 설정한다.
- 인생목표는 자신이 달성 가능한 End-state로 설정한다.
- 인생목표는 높게 설정해야 한다.

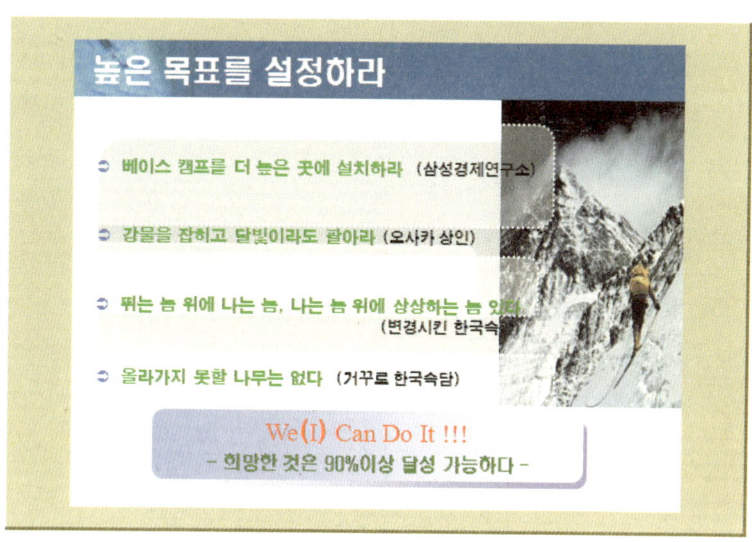

인생목표가 설정되었다면 이를 자신의 생활 속에서 실현할 수 있는 생활목표를 설정해야 한다. 현재 자신이 대학생이라면 대학 생활목표, 군인이라면 군 생활목표, 직장에서 과장으로 근무하고 있다면 과장 생활목표를 설정해야 한다는 의미이다. 이때 중요한 것은 생활목표는 인생목표를 달성하기 위해 필요한 잠재역량 개발에 초점을 맞춰야 하며, 현재 수행하고 있는 과업과 연계성이 있으면 승수효과를 거둘 수 있다. 예를 들면 현재 자신이 ○무역회사 중국담당 과장으로 근무하고 있다면 과장 생활목표는 '비즈니스 중국어 1급 획득'으로 설정하는 것이 바람직하다는 것이다. 그리고 생활목표 설정 시 유의사항은 다음과 같다.

- 불필요한 여러 개보다는 인생목표를 달성할 수 있는 2~3개의 목표설정
- 자신의 가용시간, 과업, 재력 등을 고려하여 현실적으로 설정
- 자신의 잠재능력을 향상시킬 수 있는 것으로 설정

생활목표 설정 후에는 이를 체계적으로, 단계적으로 달성하기 위한 중간목표를 설정해야 한다. 중간목표를 설정함에 있어서 가장 중요한 것은 우선 생활목표와 연계성이 있어야 하고, 생활목표 기간을 명확히 산출하여 중간목표 달성기간을 자신의 능력에 맞게 단계화해야 한다. 또한 중간목표는 단계화가 진행될수록 향상되어야 한다. ○대학교 1학년생인 A군의 예를 들어보자. A군은 '○공공기업 CEO'를 인생목표로 정하고, 인생목표를 달성하기 위한 대학 생활목표를 '토익 900점 획득'으로 설정했다. A군의 현재 영어 수준은 토익 500점대이고, 그의 대학생활 기간은 총 4년이다. 그렇다면 A군의 중간목표는 1학년 토익 600점, 2학년 토익 700점, 3학년 토익 800점, 4학년 토익 900점으로 학년별로 단계화되어야 한다는 의미이다.

지금까지 인생, 생활, 중간목표 설정 방법에 대해 설명하였다. 그 내용을 종합하여 A군의 인생, 대학생활, 중간목표를 종합하면 다음과 같다.

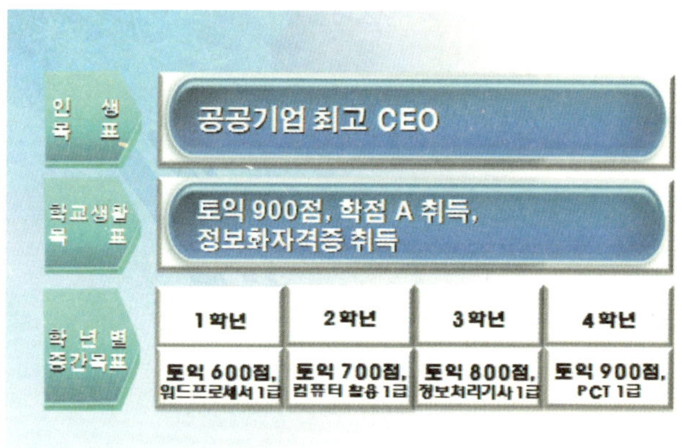

A군의 인생, 대학생활, 대학생활 중간목표

그렇다면 당신의 인생, 생활, 중간목표는 구체적으로 설정되어 있는가? 앞의 설명에 유의하여 당신의 목표를 작성해보기 바란다. 여기서는 대학생용 Work-book을 대표적으로 제시하도록 하겠다. 대학생이 아닌 다른 사람은 아래 Work-book 좌측 괄호부분을 수정하고, 중간목표란을 구체화하여 작성하면 된다.

구분				
인 생 목 표				
(대학생활) 목표				
(대학생활) 중간목표	1학년	2학년	3학년	4학년

나의 인생, 생활, 중간목표는 무엇인가?

2) 인생 로드맵 작성

자신의 인생, 생활, 중간목표를 설정했다면 다음 단계는 자신의 인생 로드맵을 작성해야 한다. 왜냐하면 인생 로드맵은 5년, 15년, 25년 후 자신이 달성해야 할 모습을 구체화하여 목표지향적 자기계발의 지속성과 추동력을 강화시켜주기 때문이다.

인생 로드맵은 크게 세 부분으로 구분된다. 첫 번째는 '나의 현위치' 작성란이다. 여기서는 현재 나의 능력과 현실을 정확히 파악하여 기록한다. 이때 부모님, 선생님, 그리고 전문 상담관의 조언을 받아 작성한다면 보다 정확한 나의 모습을 발견할 수 있을 것이다. 두 번째는 앞에서 설명한 '인생, 생활, 중간목표' 작성란이다. 세 번째는 '현재, 5년, 15년, 25년 후의 나의 위치' 작성란이다. 여기서는 "내가 목표지향적 자기계발을 성실히 수행한다면 5년, 15년, 25년 후의 나의 위치는 어디일까?"라는 미래지향적이고 긍정적인 생각을 가지고 작성한다. 여기서 5년, 15년, 25년의 숫자는 아무런 의미가 없다. 자신이 생각하기에 인생목표를 달성하기 위해 반드시 거쳐야만 하는 주요 시점을 나타내면 되는 것이다. 예를 들면 현재 ○기업 신입사원의 경우 5년 후 기획과장, 10년 후 총무부장, 20년 후 미국지사장으로 자신의 로드맵을 작성할 수 있는 것이다. 독자들의 이해를 위해 앞에서 예를 든 A군의 인생 로드맵을 제시한다.

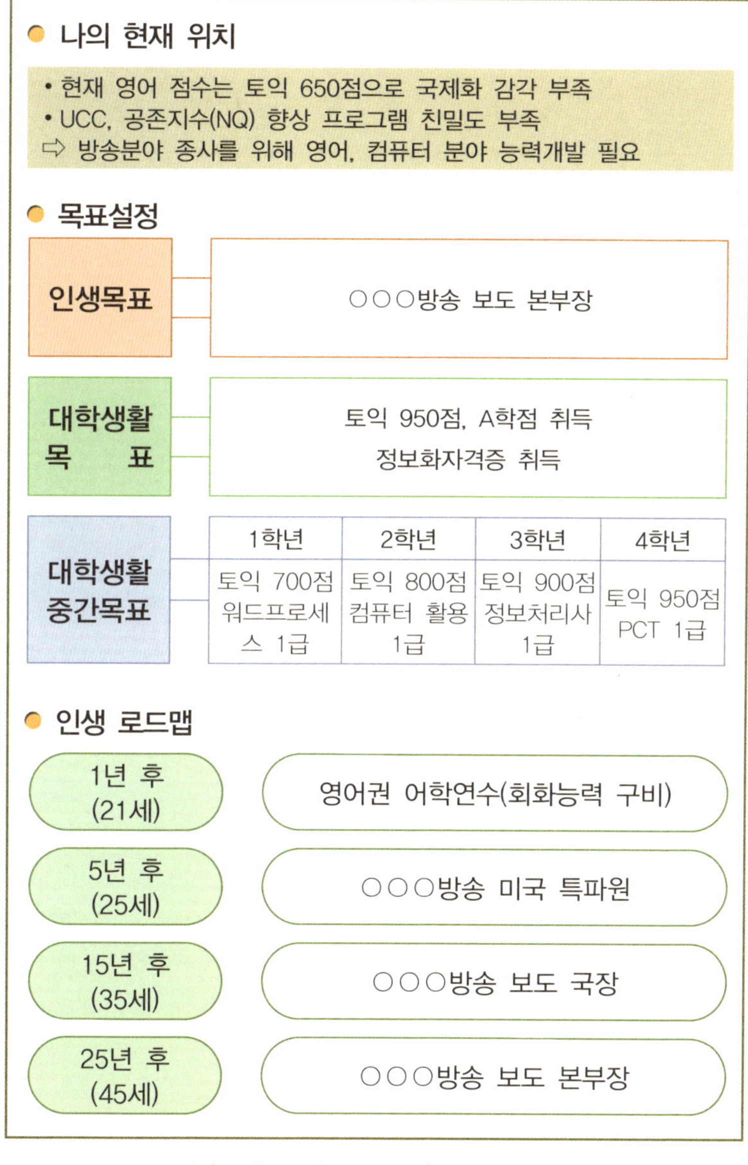

나의 현재 위치

- 현재 영어 점수는 토익 650점으로 국제화 감각 부족
- UCC, 공존지수(NQ) 향상 프로그램 친밀도 부족

⇨ 방송분야 종사를 위해 영어, 컴퓨터 분야 능력개발 필요

목표설정

인생목표	○○○방송 보도 본부장
대학생활 목 표	토익 950점, A학점 취득 정보화자격증 취득

대학생활 중간목표	1학년	2학년	3학년	4학년
	토익 700점 워드프로세스 1급	토익 800점 컴퓨터 활용 1급	토익 900점 정보처리사 1급	토익 950점 PCT 1급

인생 로드맵

1년 후 (21세)	영어권 어학연수(회화능력 구비)
5년 후 (25세)	○○○방송 미국 특파원
15년 후 (35세)	○○○방송 보도 국장
25년 후 (45세)	○○○방송 보도 본부장

A군(20세, ○대학교 신입생)의 인생 로드맵

독자들도 자신만의 인생 로드맵을 작성해보기 바란다. 인생 로드맵을 작성하는 자체가 자신을 되돌아보는 소중한 기회가 될 것이다.

나의 현재 위치

•
•
⇨

목표설정

인생목표				
대학생활 목표				
대학생활 중간목표	1학년	2학년	3학년	4학년

인생 로드맵

○년 후 (　세)	
○년 후 (　세)	
○년 후 (　세)	
○년 후 (　세)	

나의 인생 로드맵

3) 주간계획서 작성 및 성과분석

주간계획서는 중간목표를 달성하기 위하여 구체적이고 실질적으로 생활계획을 작성하는 것이다. 주간계획서는 '주간목표' 작성란과 '요일별 계획 및 자기평가'란으로 구성되어 있다. 주간계획은 반드시 실천 가능성을 염두에 두고 현실적으로 작성해야 한다. 특히 주간목표를 기술함에 있어서, 시간, 거리, 양, 질 등이 세분화되면 더욱 구체적이 된다. 예를 들면 '영어공부'보다는 '○토익문제집 1과 어휘 공부'와 같이 공부할 책 제목과 범위를 명확히 해야 한다는 의미이다. 왜냐하면 달성해야 할 목표가 구체적일수록 실천 가능성이 높아지고, 이를 수행하는 사람의 추진력과 의지력이 강해지기 때문이다.

'요일별 계획'란에는 주간목표를 세분화하여 요일별로 학습할 내용과 범위를 구체적으로 기록한다. 이때 중요한 것은 본인의 실행여건과 가용시간을 면밀히 판단한 후 작성해야 한다. 만약 다음 주가 중간고사라면 이번 주는 영어공부보다는 중간고사 준비를 하는 것이 타당하기 때문이다. 또한 회사원의 경우에는 근무시간에 자기계발을 할 수 없으므로 퇴근 이후의 시간을 고려해야 하기 때문이다.

'자기평가'란은 일종의 일일 단위 성과분석을 의미한다. 계획된 학습을 완료했을 경우 '○', 계획된 학습을 완수하지 못했을 경우 '△', 계획된 학습을 하지 못했을 경우 '×'를 기입한다. '자기평가'의 경우 하루를 반성하는 시간, 즉 자기 전이나 일기를 작성할 때 실시하면 효과적이다. 왜냐하면 오늘의 반성을 통해 내일을 보다 계획성 있게 보낼 수 있기 때문이다. 또한 성과분석 결과 자신이 부족한 부분은 계획을 조정하여 보충해야 하고, 자신의 능력을 초과하는 부분에 대해서는 과감히 계획을 수정하여야 한다. 이때 부모님이나 선생님, 또는 같은 분야에 대해 공부하고 있는 동료와 상담을 실시한다면 보다 현실적인 계획을 수립할 수 있다. 그리고 주간계획서는 경각심을 느낄 수 있도록 눈에 잘 띄는 곳에 비치하고, 특히 부모나 친구에게 자신이 주간계획서를 작성, 실시하고 있다고 공표하여야 한다. 한마디로 자기계발의 성과를 극대화하기 위해서는 자극과 멘토가 필요하다는 의미이다. 아래 도표는 A군의 1학년 중간목표인 토익 700점을 달성하기 위해 일자별로 학습량을 기재한 주간계획서이다.

주간계획	토익 문제집 1과 종합문제 풀이	
일자	내용	자기평가
6. 1[월]	총정리 문제풀이	○
6. 2[화]	총정리 어휘풀이[1]	△
6. 3[수]	총정리 어휘풀이[2]	×
:	:	:
6. 6[토]	종합평가	△

A군의 주간계획서

지금부터는 나만의 주간계획서를 작성해보는 시간이다. 자신의 주간계획을 한 번 작성해보는 것 자체가 의미 있는 일이다. 앞에서 제시한 A군의 주간계획서를 바탕으로 작성해보기 바란다.

주간계획	

구분	세부 내용	자기평가
월 일( )		
월 일( )		
월 일( )		
월 일( )		
월 일( )		
월 일( )		
월 일( )		

나만의 주간계획서

6 목표지향적 자기계발 효과

1) 창의성

목표라는 것은 개인적으로 어떤 것을 달성하고자 하는 동기가 있다는 것을 의미한다. 이러한 측면에서 봤을 때, 목표를 지향한다는 것 바탕에는 동기가 있음을 알 수 있다. 이미 이러한 동기가 창의성과 직접적인 관련이 있다는 연구는 상당히 많이 나와 있다. 중학생과 고등학생, 그리고 대학생들의 학교 학습에 대한 동기가 창의성을 높였고, 직장에서 성인들도 자신의 직무에 대한 동기에 따라 창의성이 높아졌음이 밝혀졌다.[11] 즉 동기를 가지고 목표를 향해 나가다 보면 창의성이 높아진다는 것이다. 그리고 이러한 창의성은 좋은 결과로 나타난다.

목표를 향해 나가다 보면 난관이 발생하지만, 강한 의지는 목표를 달성하기 위한 창의적인 아이디어를 제공해주게 되는 것이다. 성공한 CEO나 정치가들의 회고록을 보면 저마다 수많은 어려움을 기발한 방법으로 극복한 사례가 나온다. 현대그룹의 故 정주영 명예회장은 초기 사업 자본을 마련하기 위해 외국은행에 대출을 신청하였다. 지금과 달리 당시 상당수의 외국인들은 한국이라는 국가가 존재하는지도 모르고 있었으므로 대출의 거부는

[11] 서미옥, 「대학생의 창의성, 창의적 인성 및 2×2 성취목표지향의 관계」, 『중등교육연구』, Vol. 57, No. 2, pp. 155-179(2009)와 류인평 · 김정준 · 김기범, 「호텔종사원의 직무동기와 창의성에 관한 연구」, 『관광경영연구』, Vol. 37, pp. 1-19 (2008)에서 재인용.

너무나 당연한 결과였다. 이때 정주영 회장이 당시 오백 원권 지폐에 그려진 거북선을 보여주며 은행의 임원을 설득해 대출을 받아낸 일화는 목표를 향한 강한 창의적 의지가 어떠한 난관도 극복하게 만든다는 사실의 좋은 예이다.

2) 도전정신

목표는 사람에게 도전정신 역시 불어넣는다. 일반적으로 쉽게 이룰 수 있는 일을 목표로 설정하지 않는다. 목표는 시기와 규모에 따라 여러 단계로 구분되겠지만, 지금까지 자기가 달성하지 못했던 것이라는 점은 공통적이다. 사람은 기본적으로 달성해 보지 못한 것에 대한 기대를 가지고 있는 반면에, 두려움도 가지고 있다. 자신이 한 번도 맛보지 못한 목표를 이루기 위해서는 두려움을 극복하는 도전정신, 그리고 자신의 한계를 극복해야 하는 도전정신이 필요한 것이다. 결국 목표는 자연스럽게 목표를 이루고자 하는 개개인에게 도전정신을 길러주게 된다.

이러한 도전정신의 대표적인 사례로 나폴레옹의 예를 들 수가 있다. 그는 유럽을 정복하고자 하는 자신의 목표를 이루어낸 인물이었다. 순수 프랑스인도 아닌 식민지 코르시카 섬의 시골 촌뜨기였던 그에게 이러한 목표는 불가능으로 보였다. 그는 어렵게 파리사관학교에 입학했지만, 자신의 출신 배경으로부터 강직한 성품에 이르는 여러 문제로 인해 동료들로부터 무시를 받고 생활에 어려움을 겪었다. 그러나 그는 그 자리에 주저앉지 않았다. 다른 이들보다 더 열심히 공부하고 연습하여 군인으로서의 자질을 갖췄을 뿐만 아니라 프랑스 혁명이라는 사회의 혼돈 속에서 시민의 편에 서서 과거 왕정사회와 맞섰다. 또한 자유, 평등, 형제애로 점철되는 프랑스 혁명의 기운을 두려워한 유럽 강대국들의 도전에도 두려워하지 않고 가장 선두에 서서 혁명의 이념을 수호하였다. 비록 자신이 황제로 등극하기도 했지만, 어려움 속에서도 그는 포기하지 않는 불굴의 도전정신으로 프랑스를 유럽의 절대 강자로 만들어 놓았다. 나폴레옹의 목표의식이 그의 지칠 줄 모르는 도전정신을 낳았던 것이다.

3) 자기주도성

목표의식이 강한 사람은 자연스럽게 이러한 자기주도성을 가지게 된다. 자기주도성이라는 말은 학생들에게 자기주도학습(self-directed learning)이라는 말로 표현될 수 있는데, 이러한 자기주도학습은 특정 교육기관이나 교수자에 의존하여 수행되던 전통적인 학습방법을 탈피하여, 학습자가 스스로 자신의 필요와 결정에 따라 자율적으로 학습을 수행하는 것을 말한다. 자기주도학습은 학습자로 하여금 자신의 학습에 대한 책무성을 가지고 자신에게 가장 효율적인 학습을 가능하게 하는 것으로 평가될 뿐 아니라, 학습활동에 대한 체계적이며 지속적인 관심과 반성을 기울임으로써 학습의 가치 혹은 배우는 일의 즐거움을 체험하고, 그 결과 '평생학습자'가 되도록 한다.[12]

이러한 동적 움직임은 개인만이 아니라 집단에서도 나타난다. 우리나라에서 60년대 말부터 시작된 새마을 운동을 살펴보면 그

[12] 배영주, 「학교에서의 자기주도학습 구현을 위한 실천적 모형 개발 연구」, 『교육과정연구』, Vol. 26, No. 3, pp. 97-119(2008)에서 인용 및 재인용.

사실을 잘 알 수가 있다. 당시 박정희 대통령이 제시한 "잘 살아 보세!"라는 구호는 온 국민의 마음을 움직여 거대한 에너지를 창출했다. 그 결과는 세계에 '한강의 기적'으로 잘 알려지게 된다. 대한민국은 전쟁의 폐허 속에서 60년 만에 G20정상회의를 개최하는 일류국가로 우뚝 설 수 있었던 것이다. 우리 국민 모두가 자기주도적으로 잘 살아보겠다는 목표 하나로 뭉쳐서 이루어낸 것이다. 세계는 단순히 우리나라의 새마을 운동을 주목하는 것이 아니다. 그 안에 내포되어 있는 우리 국민들의 자기주도성을 바라보는 것이다. 그러한 우리나라 사람들의 자기주도성 이면에 목표의식이 숨어 있었음을 꼭 기억해야 할 것이다.

4) 자아실현

자아실현은 인간이 지향하는 삶의 목적이며, 윤리와 종교의 핵심요소이기도 하다. 윤리의 핵심 요소이기도 하다.[13] 그리고 매슬로의 욕구 단계설에서는 계속적인 자기발전을 위하여 자신의 잠재력을 최대한으로 발휘하는 데 초점을 둔 욕구로 자아실현을 바라보며, 모든 욕구의 최상위 개념으로 자아실현의 욕구를 정의하고 있다. 다른 욕구와 달리 이 욕구는 충족될수록 더욱 증대되는 경향을 보여 '성장욕구'라고 부르기도 한다.[14] 그러면 어떻게 이러한 자아실현이 높아질 수 있을까? 그 해답은 목표에 있다. 쉘레이히(E. C. Schleh)는 "조직 속의 인간은 개인의 목표와 조직의 목표를 융합시켜 나갈 때 인간으로서 흥미와 욕구의 만족은 물론

[13] (http://en.wikipedia.org/wiki/self-realization)
[14] 위키피디아(ko.wikipedia.org) 매슬로 욕구단계설 용어정의 참고.

조직목표를 성취하고자 하는 긍정적인 동기가 부여된다"[15]고 말했다. 이것은 마치 큰 포도송이가 작은 포도알들로 이루어지듯 조직도 구성원의 목표가 달성될 때 궁극적으로 전체목표의 달성이 가능하다는 사실을 의미하는 것이다.

특히 이미 학습된 무기력에서 벗어나는 계기를 만들어준다는 점이 중요한 Key point이다.

000의 '목표지향적 자기계발과 나' 중에서…

1. 나침반 없이 항해하는 배
대학에 입학하여 1학년이 지날 때까지 자기계발 프로그램 없이 무작정 영어, 한자 등을 공부하였다. 그런데 도무지 진도도 잘 나가지 않고 재미도

15 자세한 내용은 필자가 한국교육신문에 기고한 "軍隊는 軍大다"를 참조.

없어서 하다 말다를 반복하였다. 결국 1년이라는 긴 시간이 지나고 난 뒤 돌아보니 아무것도 한 것이 없었다.

2. 등대를 만난 배

2011년이 되어 '목표지향적 자기계발'이라는 등대를 만났다. 오랜 고심 끝에 '공기업 사장'으로 나의 인생목표를 정하고, 이를 위해 필요한 것을 준비하다 보니 훨씬 재미도 있고 효율성도 좋았다.

3. 항해일지

'공기업 사장'이라는 인생목표를 위해서 갖추어야 할 것은 매우 많을 것이다. 우선은 경제 · 금융과 경영에 대한 학습이 필요하다고 생각했다. 또한 기초적인 컴퓨터 활용능력 또한 요구된다고 생각했다. 나는 하루에 3~4시간(자기계발 1시간, 심야학습 2시간)을 활용하여 경제신문 스크랩, 경제 · 경영 학습, 각종 자격증 학습에 각각 1시간을 투자했다. 지난 4개월간의 방학 때 항해로 취득한 자격은 다음과 같다.

자격증 취득(7개)
TESAT 1등급, 매경TEST E등급, 워드 1급, 컴활 2급, 비서 1급, 유통관리사 2급, 무역영어

4. 주변의 반응

다른 누구보다 부모님이 좋아하신다. 최근에는 통화를 할 때면 항상 격려와 칭찬을 아끼지 않으신다.

5. 내가 생각하는 목표지향적 자기계발

갈 길을 찾지 못하고 방황하던 나에게 등대 같은 역할을 해준 목표지향적 자기계발의 장점에 대해서 말한다면 목표의식 확립과 자신감이다.

결국 목표지향적 자기계발의 궁극적인 목적은 자아실현(自我實現)에 있다. 자아실현의 의미는 무엇인가? 그것은 개인에게 주어진 잠재능력을 최대한 발휘하여 개인적으로 자신의 목표를 달성하고 이를 통해 자신이 속한 사회, 국가공동체의 발전에 기여하게 된다. 에디슨의 예를 생각해보자. 에디슨은 천재적인 발명가이지만 어린 시절 학교에서는 교육이 불가능한 둔재로 낙인이 찍혀 학교교육을 받을 수 없었다. 이후 에디슨이 열차에서 화학실험을 하다가 화재를 일으켜 화가 난 차장이 에디슨의 귀를 잡아당기는 바람에 귀가 멀게 되었다. 하지만 에디슨은 "잡음에 시달리지 않고 연구에 몰두하게 되었다"며 오히려 기뻐하는 낙관성을 보였다. 이후 에디슨은 온갖 어려움에도 불구하고 발명을 향한 집념을 불태워 결국 개인적으로는 1,000건이 넘는 발명으로 성공하였고, 에디슨의 발명을 통해 인류는 많은 혜택을 받게 되었다. 에디슨의 사례에서 보듯 목표달성을 통한 자아실현은 개인은 물론 공동체의 발전과 복지를 증진시킬 수 있다.

7 지속적인 목표지향적 자기계발을 위한 다각적 노력

1) 부모

자녀와 가장 많은 시간을 함께하는 사람은 부모다. 특히 어머니는 탄생 이전부터 자녀와 함께했다. 따라서 부모는 자녀의 장점과 단점, 그리고 재능을 누구보다 가장 잘 파악할 수 있기 때문에 자녀가 목표를 설정할 때 가장 영향력 있는 조언자가 될 수 있다. 부모가 자신의 과욕을 버리고 자녀의 편에서 적절한 조언을 제공하여 자녀 스스로 목표를 정립할 수 있도록 한다면 가장 이상적인 모습이라고 할 수 있다. 이를 위해 부모는 어떤 노력을 기울여야 할 것인가?

첫째, 자녀의 특기를 조기에 파악하는 것이다. 인간의 지적 능력이나 인성은 8세 이전에 90% 정도 결정된다. 대부분의 부모들이 조기교육에 열중하는 이유가 여기에 있다. 즉, 자기계발을 위한 교육은 어리면 어릴수록 좋다. 그런데 한 가지 간과해서는 안 될 것이 있다. 자녀가 '좋아하는 것'과 '잘하는 것'이 있을 수 있는데, 전자의 경우는 취미가 될 수 있으나, 후자의 경우는 취미도 될 수 있고 특기도 될 수 있다. 자매 중에 언니는 피아노 연주를 아주 좋아하는데 음악적 재능이 없어 연주를 잘 못하고, 동생은 피아노 연주를 조금 좋아하는데 연주를 잘한다고 했을 때 언니에게는 다른 특기를 파악해서 지도하고, 동생은 피아노 연주를 지도

하는 것이 가장 좋은 방법이다. '좋아하는 것'에 욕심을 내다가 미래에 더 큰 상처를 자녀에게 안겨주는 것보다는 현재에 자녀에게 작은 상처를 주는 것이 낫다. '잘하는 것'을 조기에 파악해서 지도하는 현명한 부모의 자세가 필요하다.

둘째, 직접경험과 간접경험의 조화이다. 전자의 경우는 여행, 관람, 체험학습 등을 통해 우리 몸의 5감을 발달시켜 실기능력을 향상시킬 수 있다. 후자의 경우는 독서, 부모의 잘잘못 교육 등 직접경험이 제한되는 부분에 대한 지도를 통해 이론능력을 향상시킬 수 있다. 여기서 너무 한쪽에만 치우치지 않도록 하는 것이 중요한데 여행을 안 가고 독서로 대신할 수 있다면 독서를 시키고, 독서로 이해시킬 수 없는 것은 직접경험을 시켜주어야 한다.

셋째, 부모의 솔선수범이다. 자녀에게 독서하라고 잔소리만 하고, 부모는 거실에 앉아서 TV를 본다면 그 자녀는 잔소리가 듣기 싫어서 독서를 하는 우를 범하게 될 것이다. 반대로 잔소리는 하지 않고, 거실에 앉아서 독서를 하는 부모의 모습을 볼 때 자녀의 독서습관은 저절로 길러지는 것이다. 백 가지 '말'보다는 한 가지 '행동'으로 자녀를 지도하는 지혜가 필요하다.

2) 교육자

교사는 부모 다음으로 학생의 삶에 큰 영향을 미친다. 학생들이 삶의 목표를 달성할 수 있도록 결정적인 도움을 제공할 수도 있고, 혹은 무책임한 말 한마디로 결정적인 좌절을 안길 수도 있다. 교사의 역할은 부모의 역할과 본질적으로 크게 다르지 않다. 제2의 부모로서 학생들의 목표설정을 위해서 교사들은 어떤 역할을 해야 할 것인지 알아보자.

첫째, 학생 특성에 맞는 맞춤식 지도이다. 교사는 부모보다 교육에 대한 전문가이다. 그래서 부모보다 학생의 특성을 세분화하여 지도할 수 있는 능력이 있다. 학생의 재능을 신체적 특성이나 성격에 맞게 맞춤식으로 지도하여 자발성을 유도해야 한다. 축구의 소질이 있는 학생이 신장이 작아 공중볼을 처리하는 능력이 약하지만 체력이나 몸싸움에 강했을 때에는 미드필더나 윙공격수로 포지션을 정해준다면 공중볼 처리에 대한 스트레스도 받지 않고, 즐겁게 운동할 수 있을 것이다. 또, 영어에 소질이 있는 학생이 내성적이고 조용한 성격이라면 외교관이나 통역가보다 영작 소설가나 영문 번역가로 진로를 준비할 수 있도록 지도하는 것이 낫다.

둘째, 교사 자신의 능력 계발이다. 글로벌 시대에 부응하는 인재를 양성하기 위해서는 교사 스스로 교육 전문가로서의 능력을 갖추기 위해 끊임없이 연구하고, 급변하는 교육시책에 적시적절하게 대처해야 하며, 학생들의 모범이 될 수 있는 올바른 품성을 배양해야 한다. 또한, 창의적인 교육 프로그램 개발을 위한 각고의 노력을 해야 한다. 본인의 노력은 물론 동료 교사들과 정보를 공유하고 공유된 정보들은 교육현장에 적용해 보면서 지속적인 발전 방안을 모색해야 한다.

셋째, 부모와 교사 간의 지속적인 의사소통이다. 부모는 가정에서 A를 강조하고, 교사는 교육현장에서 B를 강조한다면 '안 하는 것보다도 못한' 결과를 초래할 가능성이 높다. 따라서 이러한 시행착오를 최소화하기 위해서는 다양한 의사소통 방법이 필요하다. 가장 좋은 방법은 부모와 교사가 서로 만나서 의견을 교환하는 것이지만, 이것은 현실적으로 많은 제한사항이 있다. 따라서 인터넷을 이용(e-알림장, 미니홈피 등)하거나 전화방문, 가정통신문 등을 통해 활발한 대화를 하는 것이 학생들이 올바른 목표를 지향하는 데 큰 도움이 될 수 있다.

3) 정책적 지원

목표지향적 자기계발을 위해 무엇보다 중요한 것은 국가기관의 정책적 지원이다. 선진국과 개발도상국의 가장 큰 차이점 중의 하나가 국민들의 교육에 대한 관심도와 교육 시스템의 수준에 있다. 우리나라 국민들의 교육에 대한 관심도는 세계 어느 나라와 견주어도 손색이 없을 것이다. 그러나 교육 시스템에는 많은 문제점이 있다. 즉, 시스템상의 문제점만 극복한다면 교육에 대한 관심도와 조화를 이루어 선진국이 부러워할 만한 '교육대국(教育大國)'으로 도약할 수 있을 것이다. 교육대국을 위해서는 어떠한 노력이 필요할 것인가?

첫째, 입시위주의 교육정책을 개성 및 재능 위주의 정책으로 변화시켜야 한다. 모든 교과 과목에 능통한 우등생을 육성하는 것도 중요하지만 어학, 과학, 예술, 체육 등 해당 분야에서 능통한 전문가를 육성하는 것도 중요하다. 지금 한류의 열풍을 주도하고 있는 우리나라의 젊은이들은 국어, 영어, 수학 등 모든 교과 과목 성적 우수자가 아니라 해당 분야에 독보적인 존재들이다. 자칫 학생들에게 공부를 시키지 말라는 소리로 들릴 수도 있는데, 공부를 시키지 말라는 것이 아니라 어떤 한 분야에 두각을 나타내는 학생들을 위한 정책이 필요하다는 것이다. 즉, 학생들의 특기를 고려하여 특별전형을 늘리고 가산점 제도를 활성화시키자는 것이다. 일부 대학에서 실시하고 있는 전국대회 입상자에 대한 특별전형이나, 국가 공인 자격증 소지자에 대한 가산점 부여가 그 좋은 예이다. 이러한 제도를 더욱 벤치마킹하여 개성 있고, 재능 있는 인재들에 대한 혜택을 늘려주어야 할 것이다.

둘째, 방과 후 활동의 활성화이다. 방과 후 활동의 장점은 부모들에게는 사교육비에 대한 부담을 덜어줄 수 있고, 학생들에게는 동기부여는 물론 동료들과의 단체활동을 통한 사회성 함양에 있다. 방과 후 활동이 좀 더 활성화되기 위해서는 쾌적한 교육 장소와 우수한 지도자를 편성해야 한다. 또한, 학생들의 인성 함양을 위한 방과 후 활동도 절실히 필요하다. 즉, 예절교육이나 사회 봉사활동 등의 인성 함양 프로그램을 늘리고 활성화한다면 우리나라의 '지적이고, 도덕적이며, 튼튼한 인재'들이 많아질 것이다.

4) 자신

목표지향적 자기계발을 위한 공급자(부모, 교사, 국가)들의 헌신적인 노력이 있다 하더라도 수혜자인 자기 자신의 실천 의지가 없으면 아무 소용이 없다. 따라서 수혜자는 어떠한 노력을 강구해야 할 것인지 알아보자.

첫째, 실천 가능한 계획 수립이다. 처음부터 무리한 계획을 수립한다면 성취감을 얻지 못하게 되어 의욕이 상실되게 된다. 따라서 처음 일주일간 자신이 실천할 수 있는 목표치를 분석해보고 그 목표치만큼 계획표를 작성하는 것이 좋다. 이러한 과정을 통해 성취감은 물론 계획 수립에 대한 노하우도 생겨서 더욱더 내실 있는 계획을 수립할 수 있을 것이다.

둘째, 일기작성을 통한 자기성찰이다. 유의할 점은 단순히 '오늘 기초 영문법을 공부했다'라고 작성하는 것이 아니라 '오늘 기초 영문법에 있는 동사를 공부했는데, 1형식~4형식은 이해가 잘 되는데 5형식은 이해가 잘되지 않았다. 5형식은 주말에 복습할 때 보충을 할 계획이다'라고 구체적으로 작성해야 한다. 또, 일기 작성 시 목표달성에 대한 내용만 작성하는 것이 아니라 일일 명언을 작성하거나 그날에 자신의 생활에 있어서 반성할 내용을 간략히 작성해보는 것도 바람직하다.

셋째, 주변사람들에게 공론화시키는 것이다. 선거에 출마하는 사람이 '공약'을 세우는 것은 유권자와의 약속을 통해 좀 더 긍정적이고 적극적으로 활동하기 위함이다. 자신의 주간 단위, 월간 단위 목표를 부모님과 선생님, 또는 동료들과 약속하고 그것을 실천하기 위해 끊임없이 노력해야 할 것이다.

CHAPTER 05

글로벌 리더를 향하여

현재 전 세계 정치, 경제, 문화, 그리고 사회를 지배하는 것은 바로 정보와 기술이다. 따라서 한 나라의 정보력과 기술력은 그 나라의 국가경쟁력을 가늠하는 척도가 된다. 하지만 인류가 저지른 한 가지 오류는 정보와 기술에 대한 인간의 의존도를 너무 높여 놓았고, 무엇보다도 이것들을 잘못 사용했을 때의 폐해를 간과했다는 것이다. 대표적인 예가 바로 인터넷일 것이다. 현재 인간은 인터넷을 통해 효율적인 경제 및 사회생활을 영위해나가고 있지만, 반면에 테러조직들의 정치적 목적을 달성하기 위한 수단으로 사용되기도 한다. 한마디로 정보와 기술은 사용자에 따라 인류에게 유익한 것이 될 수도 있고, 해로운 것이 될 수도 있다는 의미이다.

대부분의 선진국들은 교육을 통해 이런 부작용을 해소해 나가고 있다. 이들은 정보력과 기술력을 획득하기 위한 교육뿐만 아니라 이를 올바르게 사용하기 위한 윤리 및 도덕성 교육에도 집중하고 있다. 흔히 이런 교육방법을 전인교육이라고 칭하고, 이런 교육을 받은 사람을 글로벌 인재라고 부르고 있다. 아마도 전인교육을 받은 사람만이 세계를 경영할 수 있다는 의미에서 글로벌 인재라는 용어가 탄생했을 것이다.

선진국들은 자신들의 문화와 전통에 따라 다양한 전인교육방법을 적용해오고 있다. 하지만 놀랍고도 중요한 사실은 각국의 전인교육방법은 각기 다르지만 그 본질은 지(智) · 덕(德) · 체(體)로 귀결된다는 사실이다. 이는 동 · 서양의 고전이나 교육철학에서도 쉽게 발견할 수 있고, 그 세부내용은 앞에서 밝힌 바 있다. 따라서 전인교육은 국가경쟁력 향상을 위한 선결조건이며, 한 국가의 미래를 밝혀줄 등불인 것이다.

2010년 G20 의장국으로 우뚝 선 우리나라도 그동안 지식위주로 편향된 교육에서 벗어나 글로벌 인재를 육성하기 위한 전인교육에 관심을 가져야 할 시기이다. 그렇다고 해서 무엇인가 새로운 것을 만들자는 것은 아니다. 입시위주의 교육에 눌려 있던 전인교육의 중요성을 재발견하여 가정 및 학교에서 체력, 인성, 지식을 균형 있게 교육하자는 의미이다. 그것도 우리 선조들이 강조했던 밥상머리 교육부터 말이다. 이런 의미에서 본고의 제목도 "글로벌 리더가 되고 싶다면 나를 Change(體 · 人 · 智)해라!"로 정하였다.

다행스러운 것은 그동안 우리나라 교육의 문제점을 자성하고, 우리 고유의 전인교육을 재생시키고자 하는 운동이 곳곳에서 일어나고 있다. 여기서는 대표적인 두 가지 사례를 소개하도록 하겠다.

첫 번째 사례는 세종 리더십학교이다. 세종 리더십학교는 우리나라의 지식 위주 교육환경을 개선하기 위해 세종 리더십을 통해 청소년들이 한국형 리더십을 이해하고 체험하도록 만든 전인교육 캠프이다. 특히 세종 리더십학교의 커리큘럼은 지(智) · 덕(德) · 체(體) 교육이 골고루 편성되어 있어 우리나라가 지향해야 할 교육방향이라고 평가받고 있다. 세종 리더십학교의 창립자인 이윤재 교수는 "오랜 시간 동안 조선왕조실록을 연구한 결과 조선의 왕자들은 국가경영의 초석을 다지기 위해 지(智) · 덕(德) · 체(體)를 골고루 수련했다. 그리고 세종 리더십학교의 커리큘럼도 이를 바탕으로 구성되었다"라고 말했다. 또한 그는 우리나라가 인재대국으로 거듭나기 위해서는 조선시대 왕세자처럼 우리의 학교교육도 지(智) · 덕(德) · 체(體)가 두루 겸비된 전인교육을 시켜야 한다고 강조했다.

세종 리더십학교의 커리큘럼[1]

구분	세부 내용
Part Ⅰ	〈세종 리더십 익히기〉 • 기조강연: 세종 리더십과 21세기 청소년 • 제1강: 세종의 회의진행법–설득과 협의의 리더십 • 제2강: 과학강국 꿈꾼 세종–창의 리더십 • 제3강: 비밀프로젝트, 한글을 창제하라
Part Ⅱ	〈호연지기 체험〉 • 승마체험 • 전통 국궁(활쏘기)과 전통 무예 체험 • 우리 소리와 가락 체험 • 세종대왕과 함께 놀기 포스트 순환 체험활동 ※ 조선시대 왕의 기본 덕목인 문무예지악! 신나는 체험활동!
Part Ⅲ	〈우리들의 미래 만들기〉 • 나는 누구인가 그리고 나는 무엇을 할 수 있는가? • 내가 중요하게 생각하는 것, 내 인생의 목표는 무엇인가? • 미래의 직업을 위한 준비
Part Ⅳ	〈리더와 커뮤니케이션〉 • 나는 다른 사람들과 어떻게 지내고 있나? • 고정관념과 창의적 사고 • 의사소통과 의사전달
Part Ⅴ	〈리더의 효율적인 시간관리〉 • 나는 하루를 어떻게 보내고 있나? • 청소년기의 효율적인 시간관리
Part Ⅵ	〈청소년 리더의 작은 승리 전략〉 • 나의 강점과 약점 • 찾아보자, 미래를 위한 기회와 위협요인

위의 커리큘럼처럼 세종 리더십학교에서는 『조선왕조실록』을 고증하여 청소년들에게 필요한 활쏘기, 승마 등을 실시하고 있으며, 현대 우리 청소년들에게 필요한 존중과 배려의 정신을 키우기

[1] 자세한 사항은 http://sejong.aks 또는 http://www.sillok.net을 참조.

활쏘기에 즐거워하는 어린이

승마를 하면서 말과 교감하는 방법을 배우고 있는 어린이들

세종대왕 역할극을 통해 세종대왕의 창의성을 간접체험하는 어린이들

조원들과 축구공의 균형을 잡으면서 단결력과 협동심을 배우는 어린이들

위해 균형잡기 운동과 같은 놀면서 배우는 창의적인 교육기법을 적용하고 있다.

두 번째 사례는 육군3사관학교의 사관캠프이다. 사관캠프는 27대 학교장인 김현기 소장이 창안하여 2010년부터 군사훈련 공반기에 대구 · 경북지역 대학생을 대상으로 실시하고 있다. 이 캠프의 목적은 군의 사회적 책임(Military Social Responsibility)을 완수하여 군의 외연을 확장하기 위한 것으로서 체력훈련, 인성교육, 그리고 목표지향적 자기계발 프로그램으로 구성되어 있다. 또한 육군3사관학교의 우수한 훈육관과 교관, 그리고 최첨단 교육시설을 활용하여 어느 캠프보다도 양질의 교육을 제공하고 있다. 그 결과 2010년 한 해 대구 · 경북 지역 총 193개 학교(대학 및 대학교: 15개, 고등학교: 178)에서 1,325명의 대학생과 고등학생이 사관캠프에 참가하였으나, 2011년도에는 대구 · 경북지역 이외의 지역에서도 사관캠프 참가를 희망하고 있다.

이렇듯 사관캠프에 대한 인지도가 높아지고 있는 이유는 바로 커리큘럼에 있다. 김현기 소장은 "사관캠프에 참가한 대학생들은 유격을 통해 체력단련을 실시하고, 서바이벌 각개전투와 독도법을 통해 단결력과 존중과 배려의 정신을 키웁니다. 또한 애국행사를 통해 국가관을 확립하며, 목표지향적 자기계발 프로그램을 통해 인생목표를 정립하고 있습니다. 특히 애국행사와 목표지향적 자기계발 프로그램은 여러 전문가들로부터 검증을 받은 것으로서 사관캠프에 참가한 학생들로부터 좋은 평가를 받고 있습니다"라고 말하면서 사관캠프야말로 지(智) · 덕(德) · 체(體)를 고르게 배양하는 전인교육의 모델이라고 강조했다. 그리고 인재경영이 중요한 우리나라의 현실에서 전인교육이 무엇보다도 필요하

유격체조를 통해 체력단련을 하고 있는 대학생들

화생방 체험 후 눈물을 흘리고 있는 대학생들

서바이벌 각개전투와 독도법을 통해 단결력과 존중과 배려의 정신을 기르고 있는 대학생들

학교방문 주요 인사들이 애국행사를 통해 국가의 소중함을 느끼고 있는 모습

목표지향적 자기계발을 통해 인생의 목표를 진지하게 생각하고 있는 대학생

고, 군도 이를 위해 무엇인가 이바지해야 할 시기라고 말했다.

사관캠프의 성과는 참가자, 부모, 그리고 학교 관계자들의 설문조사에서 확연히 나타나고 있다. 설문결과 대학생들은 "목표지향적 자기계발 프로그램을 통해 명확한 인생목표를 세울 수 있었고,

애국행사를 통해 국가의 소중함을 알게 되었다"라고 응답했고, 부모 및 학교 관계자들은 "우리가 하지 못하는 인성 및 가치관 교육을 군(軍)이 시켜주었다"라고 긍정적인 답변을 하였다.

세종 리더십학교와 육군3사관학교의 사관캠프는 입시준비에 편향된 우리나라 교육현실에서 새로운 지향점을 제공하고 있다. 그것은 단순히 '공부 잘해서 시험성적 잘 받는 학생'이 아니라 '지(智) · 덕(德) · 체(體)를 고르게 갖추고 세계를 이끌어갈 비전을 품은 글로벌 인재'를 양성하는 모델이다. 그것은 앞에서 소개했던 Eaton College, Fork Union Military Academy 등의 설립자가 제시한 건학이념과 맥을 같이하는 것이다.

사관캠프 커리큘럼

구분	1일차	2일차	3일차
오전	• 신체검사 • 사관캠프 소개교육 • 생활관 편성(전투복 착용) • 입소식 / 사진촬영	• 아침점호 • 서바이벌 / 화생방	• 호국원 참배 • 전사적지 탐방 • 낙동강 전쟁사 교육
오후	• 기초유격 • 제식훈련	• 독도법 • 애국행사	• 소감문 / 설문서 작성 • 학교 투어 • 충성의식 관람 • 퇴소식
야간	• 지휘 / 훈육 • 생도체험 • 목표지향적 자기계발 계획 작성 • 점호준비 / 점호 • 경계근무 체험	• 사관생도와의 대화 • 리더십 교육 • 목표지향적 자기계발 계획 발표 • 저녁점호 • 경계근무 체험	

우리나라가 앞으로 국가경쟁력을 높이고 세계를 주도해나가기 위해서는 지(智)·덕(德)·체(體)를 고르게 갖춘 인재를 양성해야 한다. 그리고 가정과 학교, 지역사회에서 다음의 슬로건을 내걸어야 한다.

젊은이들이여!
세계를 경영하고 싶다면 "나를 Change(體·人·智)해라!"

■ 김현기(金賢基)

- 3사 9기, 육군 소장(前 육군35사단장)
- 한국교육개발원 미래교육기획위원회 위원
- 충주대 명예석좌교수
- 목표지향적 자기계발 / 사관캠프 프로그램 개발자
- 現 육군3사관학교장

■ KAAY 창의교육개발팀

- 이월형(전북대 박사, 경제학, 군수관리 전문)
- 정병삼(버지니아대 박사, 교육학, 정신전력 전문)
- 김주수(대구 가톨릭대 박사과정 수료, 정책학, 합동성 및 인적자원 획득 전문)
- 박병국(경희대 석사, 경영학, 인성교육 / 심리상담 전문)
- 염항수(한성대 석사과정, 국방경영, 교육훈련 / 안보교육 전문)
- 박동휘(연세대 석사, 역사학, 전략문화 전문)
- 예한석(KDI 석사, 국제관계, 유엔 PKO 활동 전문)
- 이성민(한성대 석사, 국방경영, 전투체력 개발 전문)

글로벌 리더가 되고 싶다면 **나를 Change(體·人·智)해라!** 값 15,000원

2011년 11월 7일 1판 1쇄

저 자 김현기 · KAAY 창의교육개발팀
발 행 인 임 삼 규
발 행 처 **지 문 당**
주 소 413-756 경기도 파주시 교하읍 문발리 514-7(본사)
110-360 서울시 종로구 와룡동 95번지(서울사무소)
등 록 1997. 12. 30. 제406-2003-000038호
영 업 부 (02)743-3192~3 팩스(02)742-4657
전자우편 sale@jimoon.co.kr
편 집 부 (02)743-3096 팩스(02)743-0227
전자우편 edit@jimoon.co.kr
홈페이지 www.jimoon.co.kr

ISBN 978-89-6297-033-3

이 도서의 국립중앙도서관 출판시도서목록(CIP)은 e-CIP홈페이지
(http://www.nl.go.kr/ecip)와 국가자료공동목록시스템(http://www.nl.go.kr/kolisnet)에서
이용하실 수 있습니다.(CIP제어번호: CIP2011001644)